JN212925

日本の核武装こそが世界を平和にする

ゲーム理論が解明した核戦略の最終結論

木下栄蔵◉EIZO KINOSHITA

ヒカルランド

はじめに

1945年8月6日と8月9日に日本の広島、長崎に原子爆弾が投下されてからほぼ80年が経過しました。十数万人にのぼる多くの人命が失われ、その後も原爆による被曝が原因で亡くなられたり、苦しんでおられます。

米国の関係者は「ハワイ、真珠湾攻撃の仕返しである」という論調で、反論しますが、それなら、東京大空襲、大阪大空襲だけで十分でしょう。これらの無差別大空襲も「ハワイ真珠湾攻撃」とは次元が異なると思いますが？

このとき日本に投下された原子爆弾は米国、カナダ、英国の連携で発足した「マンハッタン計画」によって製造されたものです。このマンハッタン計画という名前は当初その本部がニューヨークのマンハッタン地区に作られたからです。

マンハッタン計画は、アメリカ陸軍のレズリー・グローブスの指揮の下、有名なロバート・オッペンハイマーという「天才」物理学者をリーダーとして、レオ・シラード（原子爆弾のアイデアを持っていた）、エドワード・テラー（後に水爆を発見）、エンリコ・フェルミ、フォン・ノイマン（経済学の効用理論をまとめ、ゲームの理論を発見、コンピューターをＩＢＭと共に開発したＩＱ＝３００の天才）等の天才物理学者、天才数学者等が結集したプロジェクトでした。

この計画の実行にゴーサインを出したのは、当時の米国大統領のフランクリン・ルーズベルトでしたが、発端となったのは、シラードが天才アインシュタインの名前を借りて「書簡」をルーズベルトに送ったことでした。書簡を読んだルーズベルトは、副大統領のトルーマンにも秘密裡にこの計画を進めさせたのです。それが、１９３９年のことでした。

そして、正式に「マンハッタン計画」が発足したのが、１９４２年。ドイツがヒトラーの下、ヴェルナー・ハイゼンベルグ等の科学者が原爆を開発しているという「うわさ」を鵜呑みにしたこともこの計画に拍車をかけます。また後年、日本の仁科芳雄（理化学研究所）も原爆開発の研究に着手します。しかし、原料の「ウラン」と「資金」不足のため「完成」には至っていません。

米国は1945年7月16日に原爆実験を成功させ、広島、長崎に投下します。その後、戦後は米ソ冷戦時代に「核競争」が続き、1962年10月に「キューバ危機」が起こります。このときは米国大統領のジョン・F・ケネディーの英断により「危機」は回避されます。

そして、これ以降「核兵器の数」だけは、徐々に減らされていきますが、性能が増し、脅威は減るどころか増えていると言えます。米ソ2か国だった核保有国もいまでは9か国に増えています。また、戦略核だけではなく戦術核（小型）も開発されて危険は増大しているのです。

一方、核廃絶運動はさまざま行われていますが、その「効果」はまったくありません。100万人でも、10億人でも、署名を多数集めても、国連でいくら「叫んでも」

効果はありません。

どうしたら、世界の核を廃絶できるのか。著者の専門は、ゲーム理論を含む数理科学ですが、「ゲーム理論」を利用した「世界の指導者の心理表」を２０１２年に国際学会に向かう飛行機の中で着想しました。著者はこれを「核廃絶のための心理表」と名付けています。このアイデアを「世界の指導者」が理解するだけで「核廃絶」が可能であることを「発見」したのです。この表を使えば「必ず」、世界中の核は廃絶できます。

そのためには逆説的ですが、「まず、日本が核武装」をする必要があります。読者は驚かれると思いますが、これが「真理」なのです。本書第１章で詳しく、わかりやすく、説明します。

この日本の核武装には、意外な副産物があります。それは「日本がアメリカから独立」できることです。日本はもともと「自然国家」で「平和国家」です。一方、米国はもともと「人造国家」で「戦争国家」です。お互いの「長所」を認めつつ、友好関係を続ければよいのです。アメリカは最大の友好国として、今後も付き合うことは可能です。それがお互いの「国益」にもつながります。

最後に、近い将来「アメリカ帝国が崩壊」することをここで「予言」しておきます。それでもアメリカという国家がなくなるわけではありません。アメリカは存続します。ソビエト帝国の崩壊と同じような「メカニズム」でアメリカが3分割されるということです。

さらに付け加えれば、この時期に「日本の文化」が世界中で「再認識」されることになるでしょう。そして、「日本の文化」の持つ、「柔らかさと静けさ」が世界中で「再評価」されることになるはずです。

本書を執筆するにあたり、いつも、長時間、私の話につき合ってくれ、また励まし支えてくれた最愛の妻、あや子に心から感謝します。妻との出会いがなければこのような「アイデア」は出なかったと思います。

また、本書の企画から実務にいたるまでお世話になった編集者の力石幸一氏とヒカルランド社長の石井健資氏に、この場を借りて謝意を表します。

そして、広島で被爆された「坪井直先生」に本書を捧げたいと思います。先生は広島で被爆された後、中学の数学の先生をされながら「核廃絶運動」をされました。本書でも詳しく説明しますが先生のご努力は敬服に値します。この先生のご努力のためにも「核廃絶」が「実現」できる日が来るのを期待して本書の「はじめに」とさせていただきます。

2024年12月8日　真珠湾攻撃の日に

著者　木下栄蔵

目次

第2章　マンハッタン計画と原子爆弾投下

第3章　戦後の核兵器の進化とキューバ危機

第6章 アメリカの崩壊

第7章　これからの日本に必要な国是とは

装幀――赤谷直宣

第1章

今こそ、日本は核武装せよ！

まず本章で、世界中に存在する核兵器を廃絶するための方法を述べます。

唯一の被爆国である「日本」から、「この考え」を発信することは「歴史」的にも価値のあることだと著者は考えます。日本だからこそ「その考え」を発信できるのです。

この結果として、日本は「世界に通用する国家」として、正々堂々と世界中の国々との関係を確立できるようになります。

1.1 日本が世界に通用する国家として立ち上がる3条件

まず、日本が世界に通用する国家になるためにはどうすればいいのか。その道筋を示すことにします。そのための第1ステップに到達する条件は次の3つです。

条件1 日本国が自主防衛を行う。
条件2 日本が核保有に踏み切る。
条件3 米国から独立を勝ち取る。

この3条件が、第1ステップへの到達条件です。いずれについても読者は驚かれると思いますが、無理もありません。しかし、この3条件が必要であることが真実なのです。そこで、これら3つの条件を順に説明していきましょう。

１．２　日本の国益と核武装

まず、戦前の日本の国防は、ＡＢＣＤライン（包囲網）に加えてソ連に対応しなければいけない状況に追い込まれていました。すなわち、アメリカ、東南アジアに植民地を持つイギリス、中国、インドネシアを植民地としたオランダ、ソ連（スターリン率いるソ連とは日ソ中立条約があったが、１９４５年8月ソ連は満州に攻撃を加えている）に対して、それぞれに防衛戦略を持たなければいけない状況でした。これが戦前の日本の「悲劇」の原因だったのです。

ところが、１９４５年8月15日に日本は敗戦し、以降6年間、アメリカのＧＨＱに占領支配されることになります。そして1951年9月8日、サンフランシスコで旧連合国と平和条約を締結し、主権を回復します。同日、日本とアメリカとの間で旧日米安保条約が結ばれ、のちに現在の日米安保条約（1960年1月19日ワシントンD.C.で締結）となり、現在に至っています。

この「日米安保条約」は旧ソ連が崩壊する1991年12月まで、日本とアメリカ、それぞれにとって、次のようなメリットがありました。

まず、アメリカ側ですが、戦後台頭してきたソ連に対して対ソ戦略が必要になりました。しかし、「日米安保条約」により、日本を軍事占領することが可能になり、日本を対ソ戦略の橋頭堡にすることができたのです。また、「太平洋をはさんだ最大のライバルである日本」に対して、軍事占領が可能になったことは、対日戦略が不要になったことを意味します。つまり、「日米安保条約」は米国にとって、最大の国益に繋がったのです。

一方、日本側は、「日米安保条約」により対米戦略と対ソ戦略が不要となり、国防

図1．1　日本の国防の推移

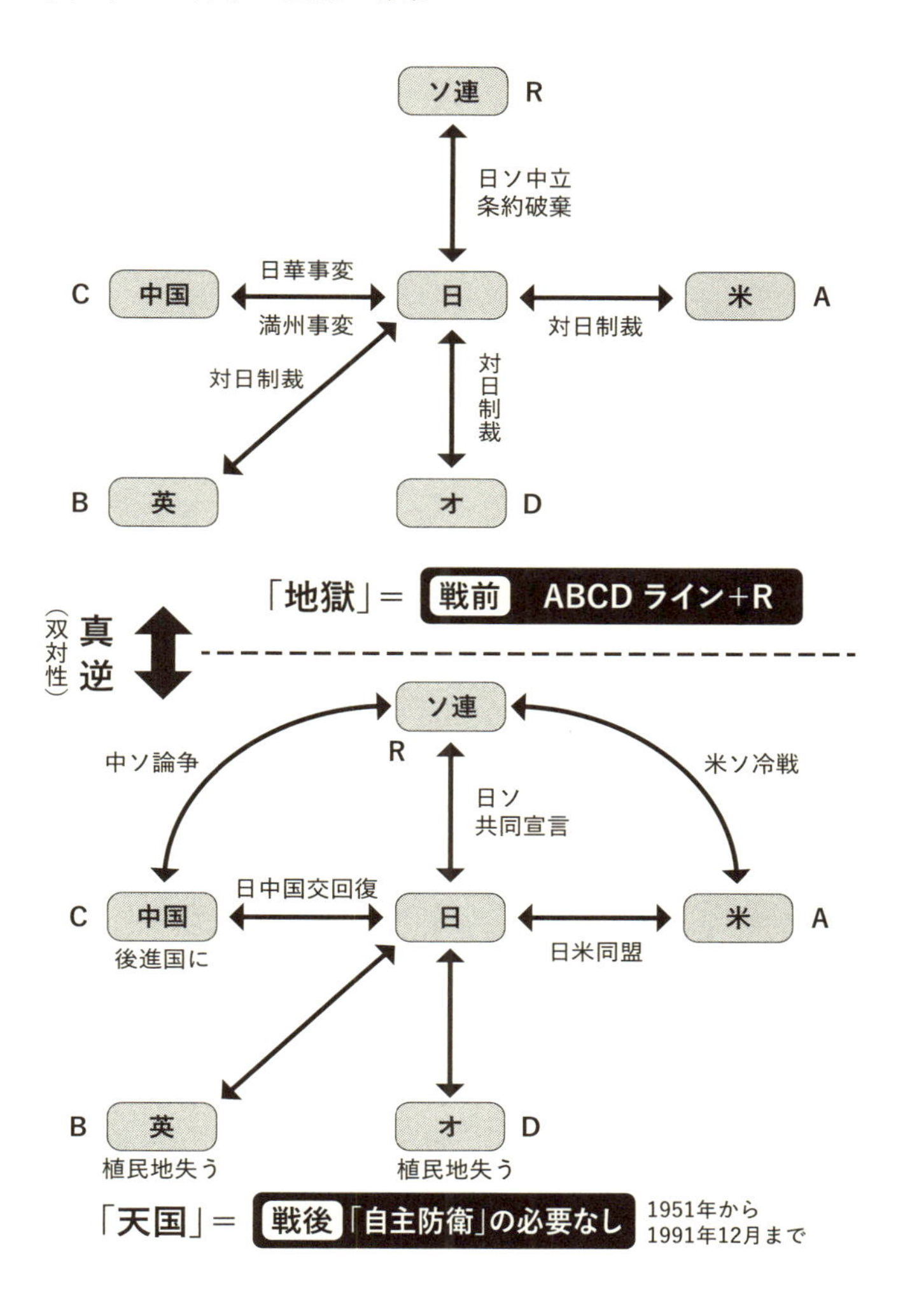

という観点からみると、図1.1のように戦前とは双対関係（真逆の関係）になっています。もちろん、そこにイギリス、オランダが植民地を失ったことと、国共内戦に勝利した中国共産党が1949年に建国した中華人民共和国（中国）が経済復興に時間がかかったことが加わります。つまり、「日米安保条約」は日本にとっても最大の国益に繋がったのです。したがって、「米ソ対立」という冷戦と、「日米安保条約」という軍事同盟により、日本が「自主防衛」をしなくても平和が維持できるという、地球上で極めてまれな「天国」が出現したのです。

しかも、日本と米国の国益がこれほど一致した軍事同盟は人類史上かつてなかったといえます。あえて、例を挙げれば、古代ローマと地中海に面したカルタゴの関係によく似ています。日本が国家主権を回復した1951年からソ連が崩壊する1991年までの「日米安保条約」は地球上でもまれな最高の「軍事同盟」だったのです。

その間、日本国内では、「右」とされる「親米保守」と、左とされる「護憲左翼」が不毛の論争をしていました。なぜなら、「親米保守」は、憲法改正を念仏のように唱えるのですが、一度も「自主防衛」のための政策は実行されませんでした。一方、

「護憲左翼」は「日米安保条約」の破棄を念仏のように唱えるのですが、政権に近づくにつれ、「日米安保条約」容認になるのです。

つまり、「親米保守」と「護憲左翼」は実は、同じ主張だったことがわかります。

「親米保守」＝「護憲左翼」＝「護憲親米」

図１．１に示したように、日本の国防に関して、「天国」になった時点で、すべてのイデオロギーは「護憲親米」になったということです。

しかし、１９９１年12月にソ連が崩壊するまでは、「護憲親米」でも良かったのですが、ソ連崩壊以降、今日にいたり、日本の国防地図は、「天国」から「地獄」に向かっています（図１．２）。つまり、現在の日本をとりまく状況は、戦前の日本の国防とよく似てきていることがわかります。

ＡＢＣＤ包囲網＋ソ連から、ＡＣＲ＋北朝鮮に変わっただけで構造はまったく同じです。異なっているのは、戦前の国防において考慮すべきは「通常兵器」だったのに対して、現在の国防は「通常兵器」は重要でなく「核」が重要だという点です。

実際、日本はアメリカ、中国、ロシア、北朝鮮の核に囲まれています。この図1.1と図1.2を見れば日本は「自主防衛」が必要であることが、一目瞭然にわかるのです。

それでは、なぜ、日本が「核」を持たなければならないのでしょうか?

1.3 日本は核保有に踏み切らざるを得なくなる

この条件2に関しては、大変ナーバスな問題ですので、著者が提案する「国際的政治リーダーたちの心理メカニズム表」(核心理表)を使って、論理的、客観的に解説することにします。その前に補助線として、「日米安保条約」の現在の立ち位置を確認しておきましょう。

図1.2の下側の図をご覧ください。この図を見ると日本は、少なくとも4か国の「核」に囲まれていることがわかります。ただし、米国の「核」は「日米安保条約」

図1．2　日本の国防の推移

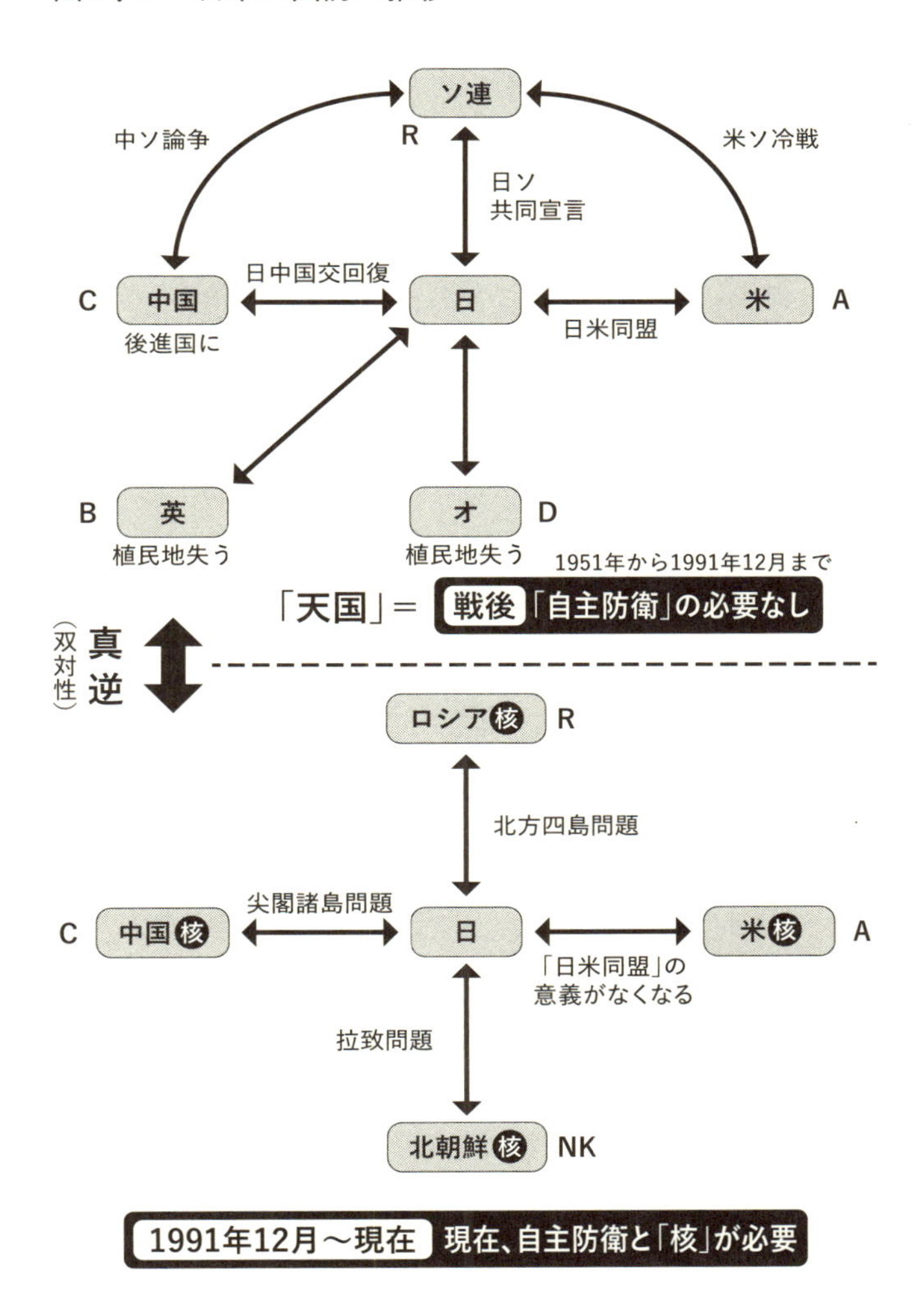

のおかげで、口輪がはめられています。アメリカが日本に対して核攻撃をしかけることは想定外と考えてしかるべきです。

その想定で、ロシアか中国か北朝鮮が日本に「核攻撃」をしかけたときに、アメリカは、核攻撃の仕返しをしてくれるでしょうか？　いわゆる拡大抑止ですが、答えは「NO」です。

アメリカが「核攻撃」による仕返しをするのは、例えばニューヨーク、ワシントン、ロサンゼルスなど自国に「核」を撃ち込まれた場合に限定されます。そのことは、多くの米国の要人たちの発言や旧ソ連が崩壊し、米ソ冷戦後の日本国防図（図1．2の下側の図）を見れば明らかです。

また、ロシアや中国の核保有に関して、アメリカは当初から容認していますし、北朝鮮に関しても実質的に容認しています。唯一、同盟国の日本が「核」を持つことを最も警戒しているのは、アメリカなのです。

つまり、今日では、「日米安保条約」は少なくとも日本にとっては「人類史上最高の軍事同盟」から「人類史上最悪の軍事同盟」に成り下がっているのです。この認識を持ったうえで、著者が提案している「核心理表」による分析を理解していただきたいのです。

この分析によって、2つの結論が導出されます。一つは「核保有国は核を使わない」（結論1）。もう一つは、「核を持たない国は核を持つ国の従属国になる」（結論2）です。

結論1「核」保有国は「核」を使わない

このことを「核心理表」を使って証明しましょう。

この地球上にA、B両国が存在し、A、B両国がともに「核」保有国とします。そして、A、B両国が何かの紛争を抱えた場合を想定しましょう。このとき、A、B両国には2つの選択肢があります。1つは「核」を使う場合であり、もう1つは「核」を使わない場合です。そのとき、結果は2×2で合計4つの場合が想定されます。

①A、B両国とも「核」を使わない場合：両国とも外交交渉に委ねますので「平和」が維持できます。したがって、A、B両国とも「○」、すなわちプラス1点が与えられます。

②A、B両国とも「核」を使った場合：両国とも外交交渉を放棄して、全面「核戦争」に突入しますので、「最悪」の結果になります。したがって両国とも「※」すなわちマイナス2点が与えられます。

③A、B両国のうちどちらか1国が「核」を使った場合：「核」を使った国が「外交交渉」なしで権利を得ることになりますので、「核」を使った国に「◎」すなわちプラス2点が与えられます。一方、先制攻撃に対しても報復することなく「核」を使わなかった国は自国の権利は失うことになり、「×」すなわちマイナス1点が与えられます。

以上、3つのケースを核心理表にまとめたのが図1．3です。それでは、この図を見ながら、A、B両国の首脳の心理メカニズムを描写することにしましょう。

図1.3　核心理表　その1

		B国	
		核を使わない	核を使う
A国	核を使わない	○ ○	◎ ×
	核を使う	× ◎	※ ※

まず、B国が「核」を使わないと仮定すると、A国は「核」を使わないか（○）、核を使うか（◎）のどちらを選択するでしょうか。

◎「核」を使う＞○「核」を使わない

ですからA国は「核」を使うことになります。

一方、B国が「核」を使うと仮定すると、A国は、「核」を使わないか（×）、「核」を使うか（※）のどちらを選択するでしょうか。

×「核」を使わない＞※「核」を使う

ですから、A国は「核」を使わないことになります。

このような心理メカニズムは、A、B両国の首脳にとって同じ構造になりますから当然、B国の首脳も同じ選択をするはずです。

この心理メカニズムは、以下のようにまとめられます。すなわち、「相手国が核を使わなければ、自国は核を使う。一方、相手国が核を使えば自国は核を使わない」ということになります。このように相手の出方によって、当方の選択が異なる場合、本書では「落としどころがない」と表現することにします。

落としどころがない場合、図1．3に示した内容をA、Bの2国の首脳が模索することになります。そして、前述した3ケース①、②、③に関して、両国の利得を計算することになります。

両国の利得に差がなく、かつ利得の合計が最大のケースを探し始めるのが道理なのです。それでは、①、②、③のケースごとに利得を計算してみましょう。

①A、B両国とも「核」を使わない場合
図1．3より
○＋○＝1＋1＝2
となります。
②A、B両国とも「核」を使った場合
図1．3より
※＋※＝－2－2＝－4
となります。
③A、B両国のうちどちらか1国が「核」を使った場合
◎＋×＝×＋◎＝－1＋2＝1
となります。

したがって、両国の利得に差がなく、かつ利得の合計が最大になるケースは①A、B両国とも「核」を使わない場合なのです。

すなわち、このことに気付いた各国の首脳がお互い「核を使わない」選択になると

いうのが、核のバランス・オブ・パワー、すなわち「核抑止力」の心理メカニズムになります。

ここまで「核」保有国が「核」を使わない証明を行いましたが、このような「核心理表」を使わなくても、我々の常識の範囲で推論することができます。

① 通常兵器の場合

例えばA国が戦車を100台持っているとします。一方、B国は50台しか持っていないとします。このことが公表されれば、A国はA、B両国に横たわる紛争を戦争で解決します。なぜなら、戦車の保有台数に関して、

100台（A国）－50台（B国）＝50台（A国の絶対優位）

となります。

A国は50台もB国より多いのです。したがって、通常兵器の場合、数の優位がすべてを支配しますので、「引き算」の定理が成立します。

その結果、A、B両国は、「自分の国が戦争したいときは、戦力を少なめに宣伝し、戦争したくないときは戦力を多めに宣伝する」のです。この「引き算」の定理を上手に利用したのが、ナチス・ドイツのヒトラーでした。

② 核兵器の場合

たとえば、A国が１００個「核」弾頭を有し、一方、B国が50個「核」弾頭を有している場合を想定します。このとき、①通常兵器のように「引き算」の定理は成り立つでしょうか？

「引き算」の定理が成り立たないというのが正解です。

なぜなら、「核」弾頭が一発あればある大きな都市、たとえば、東京、ニューヨーク、モスクワ、北京、上海を一瞬にして、消滅させることができるからです。

したがって、米ソ冷戦時代に米ソが「核」弾頭の数を競い合ったことは、愚かな行為だと言えます。

また、「キューバ危機」の際、J・F・ケネディーはもし、モスクワに一発「核」を投下すれば、その報復として、ニューヨークが消滅することを承知したのです。同

図1．4　核心理表　その2

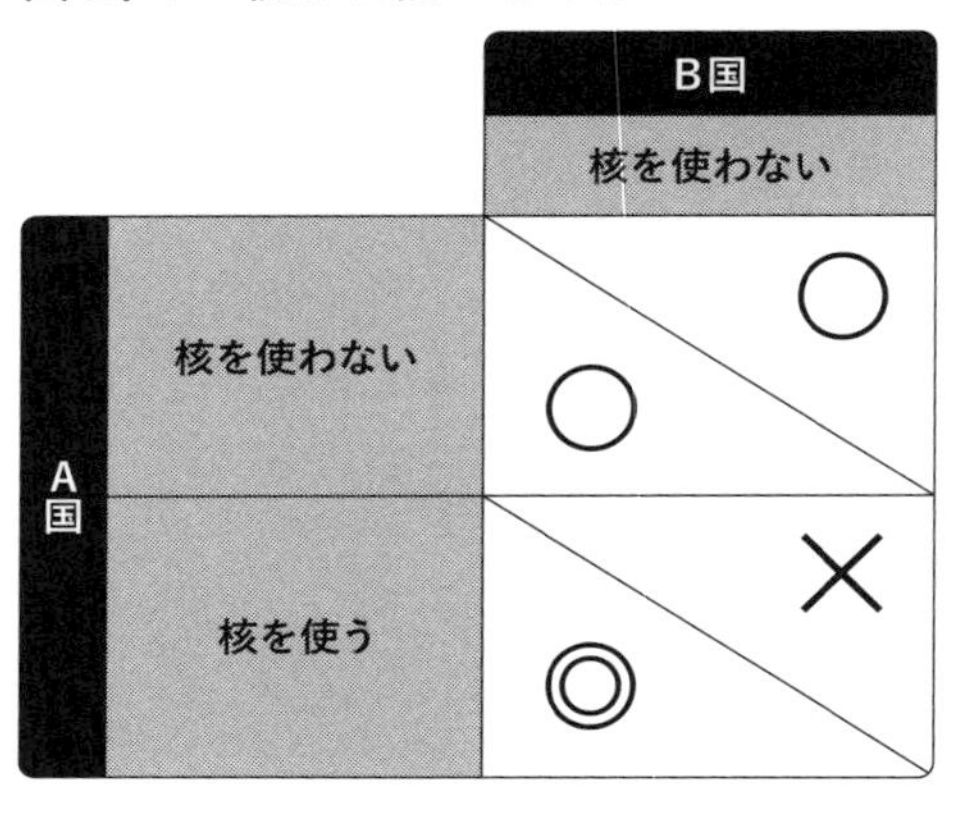

様にフルシチョフも、もし、ニューヨークに一発「核」を投下すれば、その報復として、モスクワが消滅することを承知したのです。このことを理解することが「核」抑止力を理解することなのです。

結論2「核」を持たない国は「核」を持つ国の従属国になる

次にこのことを核心理表を使って証明しましょう。

例えば、B国が「核」を保有しない国の場合、図1．3は図1．4のようになります。この図において、B国は「核」保有国ではありませんから、A、B両国で紛争が生じた場合、B国は外交交渉でB国の主張を言い続ける以外の選択肢を持っていません。ところがA国は「核」を使わないか、「核」を使うかの選択肢を有しているのです。

このときのA国の首脳の心理メカニズムを描写することにしましょう。この場合、図1．4より、

◎「核」を使う＞○「核」を使わない

ことが、明白にわかります。A国の首脳が「核」を使うことがわかった場合でもB国は、×「核」を使わないしか、選択肢がないからです。

したがって、B国の首脳は、「B国の国民の安全・安心」を考慮する限り、A国に従属するしかないのです。

例えば、今の日本に適用してみると以下のようになります。すなわち、日本は周辺諸国の「核」保有国から次のような辱めを受けているのです。

A：アメリカ

アメリカの要求する米国債の買い取り、そして「おもいやり予算」などの名目で献上した資金で、イラク戦争、アフガン戦争、そしてウクライナ戦争に加担し、さらにイギリスがインド等から経済的に収奪したのと同様にいろいろなケースで、日本から経済的に収奪。

R：ロシア

1945年8月9日以降に日本に攻撃を加え、不当にシベリア抑留を行い、さらに不法に北方4島を収奪し、ロシアの大統領が公然と北方領土に上陸。

C：中国

戦時中の日本陸軍の行為を不公平に断罪し、靖国神社の参拝に関しては内政干渉、尖閣諸島に対する不当な攻撃。

NK：北朝鮮

数百人規模の拉致については、普通の国なら、戦争を始めるに十分な動機になりうることです。

以上の４つの例に鑑（かんが）みても、日本は立ち上がるべきです。この場合の立ち上がるべきとは、「日本が核を保有する」ことにほかなりません。80年前のＡＢＣＤラインのときは、開戦してしまいましたが、今日のＡＣＲＮＫラインでは、開戦する必要はありません。ただ、「日本が核を保有する」だけでよいのです。

そうすれば、「核抑止力」が働き、日本は「核」のパワーバランスのなかで、巧みな国際外交をすることが可能になります。日本の国会論議のなかで、よく防衛力の強化より平和外交をやるべきだという議論がかわされますが、これはまったく意味のない議論です。核を保有しない国は属国化せざるをえず、対等な外交など不可能だからです。しかも、経済的には、十分「世界に通用する国家」になっているのですから、第1ステップの条件3である「米国からの独立」を勝ち取ることができるのです。

このとき、日本は「核」保有国ですから、米国、中国、ロシア、北朝鮮と「大人」としての国際外交を巧みに駆使すればよいのです。絶対に反米、反中、反ロ、反北朝鮮になってはいけません。日本国民は唯一「親日」でよいのです。そして、他国とは

「友好関係」を結べばよいのです。

1.4　核廃棄こそが世界各国の最大の利益

それでは、次に、「日本が世界に通用する国家になる第2ステップ」について説明します。この第2ステップに到達するには以下の条件が必須です。その条件とは、

条件1　日本が「核」廃棄を行い
条件2　各国が日本を見習うことが各国の国益に繋がることを
条件3　日本から世界に発信する

ことが必要です。

それでは、なぜ核保有国が「核」廃棄を行うことが、それぞれの国の国益に繋がるか検証していくことにいたします。

改めて本章の前半において証明した重要な結論を確認します。それは、「核保有国

は核を使わない＝核抑止力」と、「核を持たない国は核を持つ国の従属国になる」です。

また、ここから得られる重要な結論は、「日本は核兵器を保有すべきである」というものです。

唯一の被爆国である日本にとって、前述の結論はなかなか受け入れ難いものですが、論理的かつ客観的推論から目をそむけてはいけません。日本国家、ならびに日本人は冷静にこの結論と向き合わなければなりません。

１９４５年７月16日、アメリカのニューメキシコ州ソコロで最初の原爆実験が成功し、１９４５年８月６日に広島、同年８月９日に長崎へ原爆が投下されました。さらに数年後、スターリン率いるソ連が原爆実験に成功し、その後、イギリス、フランス、中国が、核実験に成功しました。いわゆるＰ５（核保有５大国）の誕生です。

さらに、近年ではインド、パキスタン、北朝鮮、イスラエルが仲間に入り、今は実質的にＰ９です。おそらく、早晩、イラン、サウジアラビア、ブラジル、メキシコ、ドイツが参加する可能性がありますので、日本が参加するころにはＰ20くらいになっているでしょう。ここで、核保有国の数と世界情勢を示すと次のようになります。

米国だけが核保有：米国の一極支配

↓

米ソが核保有：米ソ冷戦の始まり→核抑止力が作動し始める

↓

Ｐ５の誕生：米ソ冷戦の終焉

↓

現在のＰ９：核のバランス・オブ・パワー

↓

将来のＰ20：「核」に対する新しい局面を迎える

ここで重要なのは、将来のＰ20の時代での「核」のバランス・オブ・パワーです。

すなわち、Ｐ20やＰ30の時代になれば、保有している「核」を「廃棄」するか、「保有」し続けるかの議論が出てくると思います。そこで、この近未来における「核心理表」を作成してみます。

たとえば、Ｐ20やＰ30から任意に2か国を選び、それらをＡ、Ｂ国とします。またＡ、Ｂ両国はもちろん核保有国ですから、二つの選択肢を有しています。一つは保有する核を「廃棄」するであり、もう一つは核を「保有」し続けることです。そのときの結果は、２×２で合計４つの場合が想定されます。

①Ａ、Ｂ両国とも「核」を廃棄する場合：2国とも「核」を廃棄するのですから、コストが減ることになります。したがって、Ａ、Ｂ両国とも「〇」、すなわちプラス1点が与えられます。

②Ａ、Ｂ両国とも「核」を保有する場合：「核」抑止力が働き、Ａ、Ｂ両国とも安泰になるが、「核」のコストがかかるのでプラス・マイナス・ゼロとなり、Ａ、Ｂ両国とも「△」すなわち、±０点が与えられます。

③Ａ、Ｂ両国のどちらか１国が「核」を廃棄した場合：核を廃棄した国が従属国に

図1.5　核心理表　その3

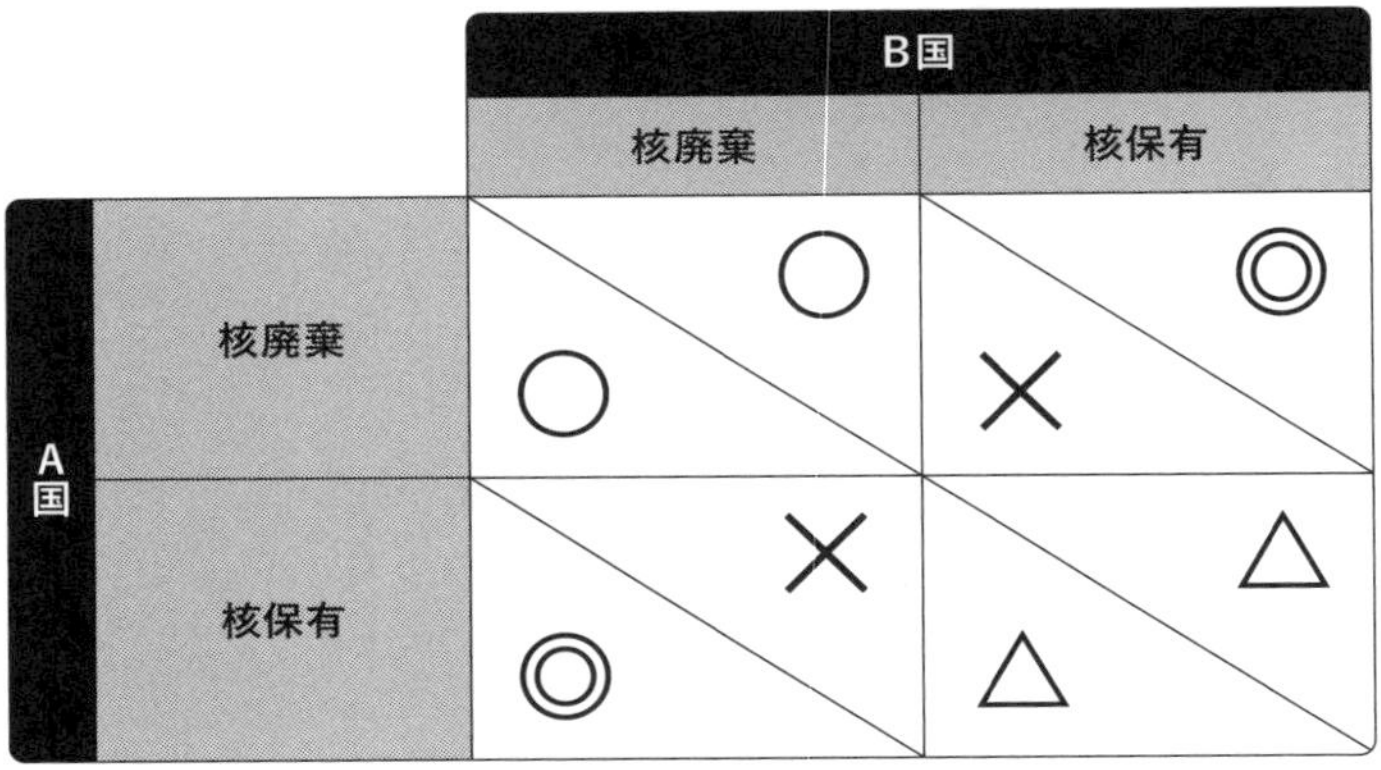

		B国	
		核廃棄	核保有
A国	核廃棄	○ ○	◎ ×
	核保有	× ◎	△ △

なるので、「核」を保有している国に「◎」すなわちプラス2点が与えられます。一方、「核」を廃棄した国は従属国になるので「×」すなわちマイナス1点が与えられます。

それでは、この図1.5を見ながら、A、B両国の首脳の心理メカニズムを描写することにしましょう。このとき、2つのシナリオを導入することにします。一つは、「自国の利益が最大になるように考える」であり、もう一つは「相手国の利益が最大になるように考える」です。二つ目のシナリオはP20やP30になった、すなわち、成熟した世界においては十分考えられるシナリオです。

そこで、まず1番目のシナリオである「自国の利益が最大になるように考える」から心理メカニズムを描写することにします。まず、Ｂ国が「核」を廃棄したと仮定すると、Ａ国は、「核」を廃棄する（○）か、「核」を保有する（◎）かのどちらを選択するでしょうか。もちろん、

◎「核」を保有＞○「核」を廃棄

ですから、Ａ国はためらわず「核保有」を選択します。

一方、Ｂ国が「核」保有を続けると仮定すると、Ａ国は、「核」を廃棄するか（×）、「核」を保有するか（△）の選択にせまられます。

その場合、

△「核」を保有＞×「核」の廃棄

ですから、Ａ国はためらわず「核」保有を選択します。このような、心理メカニズムはＡ、Ｂ両国の首脳にとって同じ構造になりますから、当然、Ｂ国の首脳も同じ選

図1．6　核心理表　その4

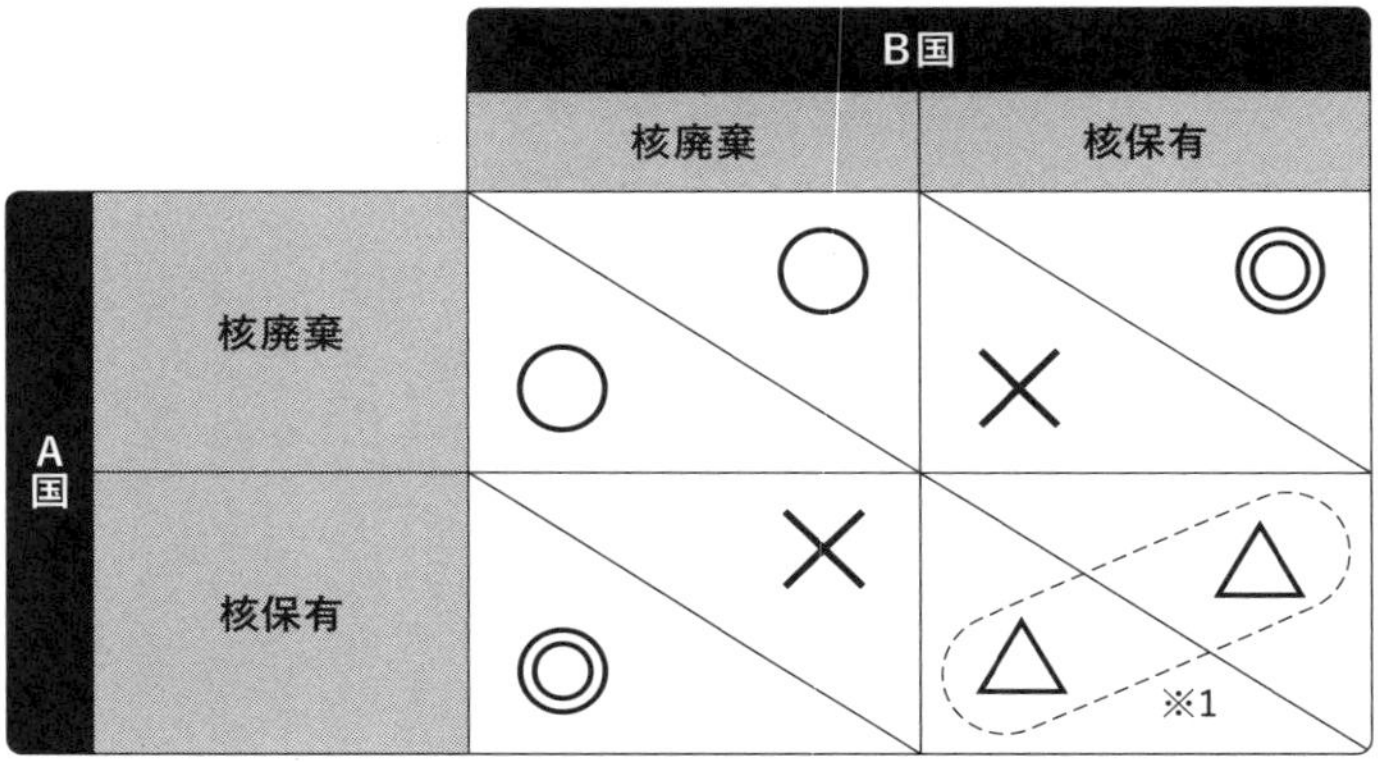

		B国	
		核廃棄	核保有
A国	核廃棄	A：○　B：○	A：×　B：◎
A国	核保有	A：◎　B：×	A：△　B：△　※1

択をするはずです。「自国の利益が最大になるように考える」シナリオで、A、B両国の心理を描写すれば、A、B両国とも「核」保有を続けるのです。

この心理メカニズムは次のようにまとめられます。すなわち、「自国の利益が最大になるように考えるシナリオでA、B両国の心理を描写すれば、A、B両国とも核保有を続ける」ということになります。このような心理メカニズムには「落としどころ」（※1）が存在するのです（図1．6）。

次に、二つ目のシナリオである「相手国の利益が最大になるように考える」により心理メカニズムを描写することにします。

まず、B国が「核」廃棄したと仮定するとA国は「核」廃棄するか（○）、「核」保有するか（×）のどちらを選択するでしょうか。A国はB国のことを考えると、

○「核」廃棄>×「核」保有

となるので、A国は「核」廃棄を選択します。一方、B国が「核」保有を続けると仮定すると、A国は（相手国B国のことを考えるので）、「核」廃棄するか（◎）、「核」を保有するか（△）の選択にせまられます。

A国はB国のことを考えると、

◎「核」廃棄>△「核」保有

となるので、A国は「核」廃棄を選択します。このような心理メカニズムは、A、B両国の首脳にとって同じ構造になりますので、当然B国の首脳も同じ選択をするは

図1．7　核心理表　その5

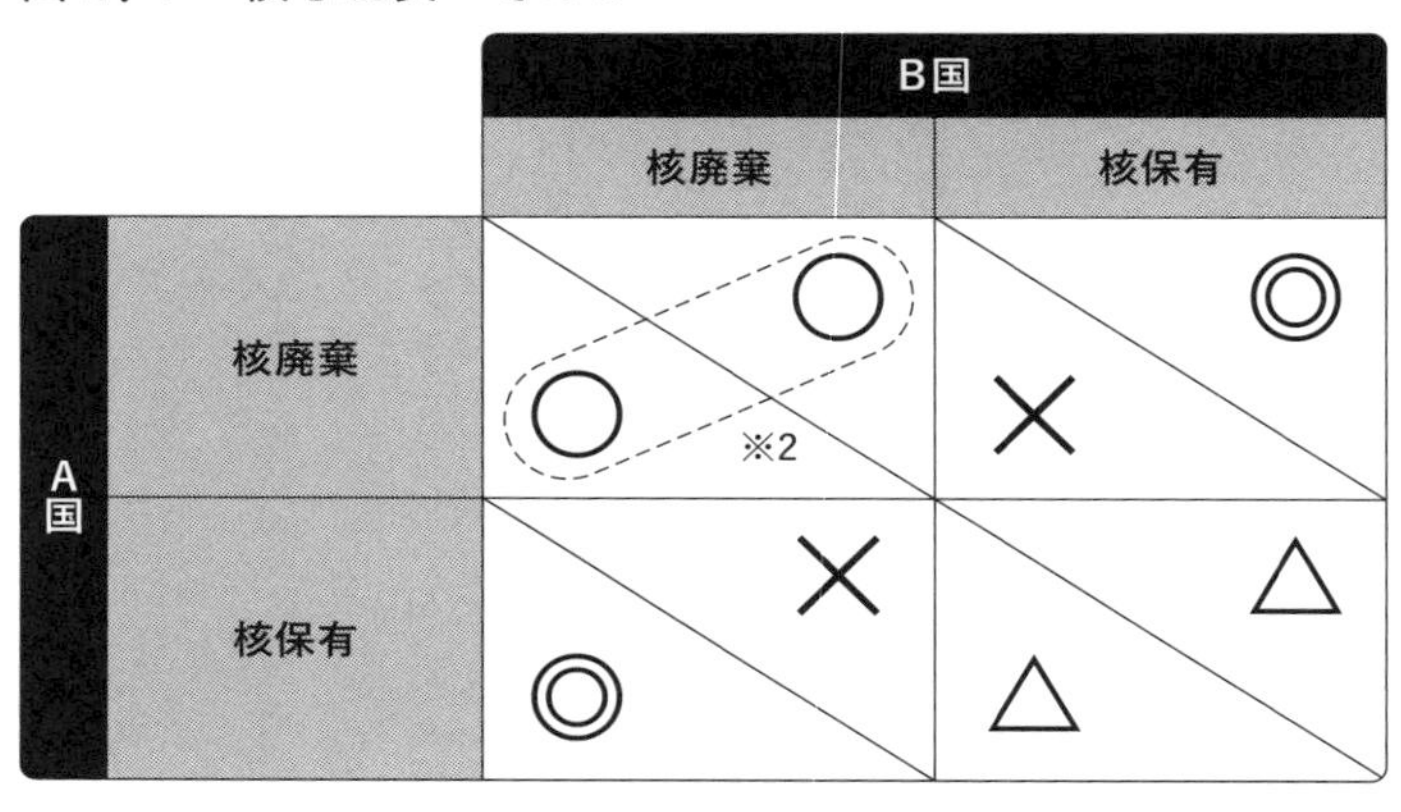

ずです。

この心理メカニズムは次のようにまとめられます。「相手国の利益が最大になるように考える」シナリオで、A、B両国の心理を描写すれば、「A、B両国とも核廃棄になる」ということになります。このような心理メカニズムには「落としどころ」（※2）があるのです（図1．7）。

ただし、この「落としどころ」（※2）はA、B2国間のみに関してであり、P20、P30全部の組み合わせではありませんが、ほかの国C、D……もこのシナリオをもとにすれば、すべての国が同様の結論に到達するのです。そこで、各国のリーダーは一つ目の「落としどころ」と、二つ目の「落としどころ」の利得を考えることになります。そしてどちらの「落としどころ」の方が得策かを推論することになります。

そこで、「自国の利益が最大になるように考える」シナリオで利得を考えてみましょう。この場合は、「落としどころ」（※1、図1.6）ですから、利得の合計は、「△＋△＝0（ゼロ）」となります。

次に「相手国の利益が最大になるように考える」シナリオで利得を考えてみましょう。この場合は、「落としどころ」（※2、図1.7）ですから、利得の合計は、「○＋○＝2」となります。この結果、明らかに「2番目の落としどころ」（※2）＞「1番目の落としどころ」（※1）であることがわかります。したがって、世界中の核保有国のリーダーがこのことに気が付けば、「核廃絶」が可能になるのです。

1番目の「落としどころ」（※1、図1.6）は「核保有論」を最初の証明とは別の視点から証明したものです。

一方、2番目の「落としどころ」（※2、図1．7）は「核廃絶が将来可能になる」ことを証明したものです。

そして、この最後の知見をもとにして、条件1「各国が一斉に核廃棄を行うことが」、条件2「各国の国益に繋がる」ことを、条件3「日本から発信する必要」があるのです。

以上、これらの条件1から3が「日本が世界に通用する国家になる第2ステップ」になります。

1．5　日本が率先して核廃棄の道筋を示すべき

これらのことを普遍的な言葉で表現した内容が「日本が世界に通用する国家になるファイナルステップ」なのです。これは、「日本的美徳である他者を思いやる気持ち」（条件1）が「各国の国益」（条件2）に繋がり、その結果、「地球全体としての幸せ

に繋がること」（条件３）を「世界に通用する国になった日本」（条件４）から発信することが重要なのです。
そして、これが可能になれば、日本がアメリカに代わり「世界の覇権国」になれるのです。日本がそうなれば、かつての「覇権国」のような「富の収奪」や「戦争経済」はまったく必要ありません。「日本的考え」や「日本文化」を広めれば良いのです。

以上により、次のことが明白になります。

①「日本が世界に通用する国になる日」には、日本は「自主防衛」と「核保有」を決断し、「米国からの独立」が最初のステップであることがわかります。
②「核保有」の正当性と「核抑止力」の信憑性が、各国の首脳たちの心理メカニズムにより証明できたことを「日本」から発信することが次のステップなのです。
③「核保有国」がかなりの数に達したとき、各国の政治リーダーたちの心理メカニズムの最適の「落としどころ」が「核廃棄」になることが証明できることを、日本から発信することが、さらに次のステップになります。

④そして、①、②、③を通じて十分、国際政治のメカニズムを理解した各国の賢明な政治リーダーたちが「核」廃棄こそ、最も「自国の国益」になることを悟るのです。さらに相手国のことを思いやる気持ちが「自国の国益」になることも悟るのです。そして、そのときこそ「日本が真の世界の覇権国になる日」なのです。また、同時に、このことが「日本が国家規範を勝ち取る日」でもあるのです。

第2章

マンハッタン計画と原子爆弾投下

本章では、アメリカによる最初の核開発プロジェクトであったマンハッタン計画の内容と原子爆弾投下の経緯について述べます。

主人公は、レオ・シラード、ロバート・オッペンハイマー、アルベルト・アインシュタイン、フォン・ノイマンといったヨーロッパ（ドイツ、ハンガリー）からの亡命ユダヤ人である理論物理学者と数学者達です。また、時の大統領であったフランクリン・デラノ・ルーズベルト（レオ・シラードからの手紙を受け取った人物であり、マンハッタン計画を決断した大統領です）やハリー・トルーマン（広島・長崎への原爆投下を命令した大統領です）です。さらに、スウェーデン在住の陸軍武官である小野寺信です。そして最後の主人公は、スペインの哲学者であるオルテガ・イ・ガセットです。

2.1 アインシュタインとシラードからルーズベルトへの手紙

50年以上前に、ＮＨＫ特集で「原子爆弾のアイデア」を最初に思いついた人物「レオ・シラード」という番組を見たことがあります。以下は、この番組の記憶が基になっています。

シラードはハンガリー生まれの亡命ユダヤ人で、理論物理学を専攻している科学者です。最初は、ドイツで研究していましたが、ナチスドイツの迫害を逃れてアメリカに渡りました。彼が、１９３０年代後半にロンドンの街を歩いているとき、横断歩道で信号が「赤」から「青」に変わった瞬間に「原子爆弾のアイデアである核の連鎖反応」を、「思いついた」というのです。そして、このアイデアを確実にするため、自分宛に手紙を書いて郵送したのです。なぜかというとアイデアを思い付いたことの「公的な消印」（日付）が必要だったからです。

そして、後年、このアイデアを証明する「実験」がドイツで成功したという「ニュース」を知ります。早速、友人の理論物理学者であるエンリコ・フェルミとともにこのアイデアである「核の連鎖反応、すなわち核分裂」の研究に「没頭」します。そして彼らの研究によって、ウランが重要なエネルギー源となる核連鎖反応（核分裂）が実現することが証明されたというのです。

そして、この原子爆弾の原料のウランはカナダと旧チェコスロバキア、ベルギー領のコンゴで産出されることまで突き止めます。また、ナチスドイツがヴェルナー・ハイゼンベルグを中心とした研究グループを発足させ、この研究に着手している可能性が大であることまで推測しています。

シラードは友人のユージン・ウィグナー、後輩のエドワード・テラーと共にアインシュタインの別荘まで赴き、この「原子爆弾」の製造を米国政府に促す「手紙」を書いてほしいとアインシュタインに依頼するのです。シラードとウィグナーの恩師が「アインシュタイン」だったので、頼みやすかったからだと思われます。

最初は躊躇するアインシュタインですが、彼らの説得が功を奏してアインシュタインは「ルーズベルト大統領」宛ての「手紙」にサインします。これが有名な「アインシュタインの手紙」です。1939年8月2日のことです。

上述した、3人の亡命科学者、シラード、ウィグナー、テラー（水爆の父として有名）の3人はいずれも、ハンガリー生まれのユダヤ人（亡命科学者）であり、後年「ハンガリー3人衆」といわれます。

さて、この手紙を受け取った大統領ルーズベルトは思案の末、原子爆弾の製造を「決断」します。その際、ことの重要性から「副大統領のトルーマン」にも知らせず、超極秘でこのプロジェクトである「マンハッタン計画」を実行します。このアインシュタインの手紙を受け取った3年後、１９４２年に「原爆製造計画、マンハッタン計画」が発足します。

ここでシラード、アインシュタイン、ルーズベルトについて簡単に紹介しておきましょう。

アルバート・アインシュタインは、20世紀あるいは、人類史上最高の天才といわれる理論物理学者です。特殊相対性理論、一般相対性理論は彼の代名詞になっていますが、ノーベル物理学賞は「光電効果の法則の発見」で受賞しています。

戦前に日本にも来て「講演活動」をしています。特に、日本の旅館の「おもてなし」は特別気にいったと言われています。戦後、日本への「原爆投下」は「間違いであった」と後悔しています。

レオ・シラードは、ハンガリーのブダペストのペスト地区に生まれ、後にドイツで学び、アインシュタインが恩師です。マンハッタン計画に参加しますが、１９４５年

3月には、敗色濃厚になった「ドイツ」で原子爆弾の研究が頓挫していることを知ります。そして、この原子爆弾を「日本」に投下することは「よくない」と訴えます(手紙をルーズベルトに送ります)。しかし、4月にルーズベルトが急死し、この手紙は読まれることなく日本に原子爆弾が投下されました。

フランクリン・ルーズベルトは第32代のアメリカ大統領として、12年間(1933年から1945年)勤めています。その間、「マンハッタン計画」「ニューディール政策」「ドイツと開戦」「日本と開戦」等々、激動の世界のなかで、主導的な存在となった有名なアメリカ大統領です。

2.2 マンハッタン計画(ロスアラモスの原子力研究所)

アメリカ大統領ルーズベルトの決断で発足した「マンハッタン計画」はニューヨークのマンハッタン地区で始まります。最高責任者は陸軍のレズリー・グローブスです。そこで、基礎研究を行い、翌年1943年には原子爆弾の製造に取り掛かります。

そして、ニューメキシコ州のロスアラモスに場所を移し、「原子力研究所」を作ります。

所長には有名なロバート・オッペンハイマーが就任します。数多くの物理学者や数学者が参加しますが、前述したシラード、ウィグナー、テラー、フェルミ等の物理学者やフォン・ノイマンといった天才数学者も含まれます。

特に、フォン・ノイマンは原爆実験に必要な「計算」のために「コンピューター」をＩＢＭと共に「開発」したことは有名です。フォン・ノイマンは、ハンガリーのブダペスト生まれのユダヤ人で、数学者です。経済学を支配している「効用理論」をまとめあげ、数理科学のゲーム理論を作り、ＩＢＭと共にコンピューターを作り、このコンピューターで「原爆実験」を成功させた天才です。ちなみに、彼は「天才のなかの天才」「ＩＱ＝３００」とも言われています。著者が最も尊敬している「大天才」がこの「フォン・ノイマン」です。

このロスアラモスにある施設や原子力研究所で何を「研究」しているのかは「超極秘」で進められ、「関係者」以外はまったく誰も知らされませんでした。そしてこのような研究とそれに伴う「実験」を経て、運命の日、1945年7月16日を迎えます。人類史上初めての「原子爆弾の実験」です。

実験は午前5時過ぎに行われました。「トリニティー実験」と言われるものです。トリニティーとは三位一体という意味で「インドのシバ神」から引用されたと言われています。アメリカのニューメキシコ州「ソコロ」から南東48㎞が実験場になりました。実験は大成功し、関係者一同は大喜びです。当然、責任者である「オッペンハイマー」も感激しています。この実験の成功は、ある意味で人類が「パンドラの箱」を開けた瞬間なのです。

このマンハッタン計画の責任者を務めたオッペンハイマーはドイツ系ユダヤ人で、幼少のころから「神童」と言われていました。学生時代から「数学」と「理論物理学」が特に優秀で、数式の計算が特に強くその展開のスピードには同僚たちが驚いています。しかし、手先が不器用で「実験」は失敗の連続だったようです。したがって、理論物理学が一番の「適職」でした。また、グローブスと共に「マンハッタン計画」を遂行する「運命」にあったと思います。グローブスは陸軍に勤務し、ルーズベルト大統領が決断した「マンハッタン計画」の最高指揮官に任命されます。

彼は、日本への原爆投下のスケジュールと計画も作成します。そして、最終的には陸軍中将まで昇格しています。このマンハッタン計画の総予算は当時のレートで「20億ドル」を超えたと言われます。

2.3　原爆投下

1945年8月6日、原爆投下の日が来ます。世界初の原爆投下はいろいろな候補地の中から広島が選ばれました。原爆投下は、テニアン島から始まります。この空港に原爆を搭載したB29が現れます。この飛行機に搭載された原爆はウラン型の原爆で通称を「リトルボーイ」といい、爆撃機には「エノラゲイ」という名前がつけられていました。そして、同日の午前8時15分広島市上空に原爆は投下されます。人類史上初めての原爆投下です。

まったく「罪」のない「一般市民」「老人」「婦人」「妊婦」「子ども」が死傷します。急性期死亡者数は11万4000人です。後に死亡した方を含めた死者数は32万人と推定されています。この広島への原爆投下は１９４５年５月10日に決定されています。

次に、２発目の原爆投下の日が来ます。１９４５年８月９日、長崎への投下は、広島のときと同じように、テニアン島から、Ｂ29が飛び立ちました。この爆撃機に搭載された原爆はプルトニウム型の原爆で「ファットマン」といい、爆撃機は「ボックスカー」と呼ばれました。そして、同日の午前11時２分原爆は長崎上空で投下されます。人類史上２度目の原爆投下です。

急性期死亡者数は７万３０００人。後に死亡した人を含めると18万人と推定されています。この長崎への原爆投下は１９４５年７月24日に予備目標地として決定されています。最初は「小倉」が目標だったのですが、当日の「天候」で急遽「長崎」に変更されたのです。

以上２発の原爆投下について説明しましたが、この２発で合計「50万人」の死者が出たことは悲しい出来事です。また、被爆の後遺症で苦しんだ「多くの方」のことを思うと「残念」でなりません。

著者は、近年になって映画『ひろしま』（１９５３年公開）を見ました。主演が月丘夢路さんと岡田英次さんで、監督が関口秀雄さんです。１９５５年に第5回ベルリン国際映画祭長編映画賞を受賞しています。原爆被害が実にリアルに描かれていて、その犠牲の大きさを強く「訴える」ものでした。

この原爆被害の惨劇を知った「オッペンハイマー」は後に精神的に「苦しみ」ます。また、グローブス（総指揮官）は次のような言葉を残しています。「ルーズベルトが急死した後、急に大統領になったトルーマンはこの計画（マンハッタン計画）を初めて知り、びっくりしたと述懐しています。そして、このような大統領が4か月も経たない内に原爆投下の命令にサインしたのは、すっきりしないものを感じる」と言ったといわれています。しかし、現実に「パンドラの箱」は開けられたのです。

この事実は「非常に重い」と思います。しかし、「トルーマン大統領」の気持ちもわからないわけではありません。同じような「立場」に置かれたなら「どうしたか」と自分に問いかけると「原爆投下にサインしない」と決断できたかどうかはわかりません。米国大統領の立場で「NO」と言える「勇気」が著者にあるかどうかそれはわかりません。

ハリー・トルーマン大統領は、1945年4月12日に、時の大統領ルーズベルトの急死により、第33代の米国大統領に就任しています。副大統領からの昇格です。そして、約8年弱大統領としての職責を果たします。その間、NATO、CIA、NSA（国家安全保障局）、国防総省（ペンタゴン）を設立します。そして、第2次世界大戦終了から米ソ冷戦が始まる時代の世界のリーダーの一人でした。

2.4 ストックホルムの密使（原爆投下情報）

1994年、新潮社から『ストックホルムの密使』という小説が刊行されています。作者は佐々木譲氏です。テレビドラマ化もされました。著者は小説もテレビのドラマも見ました。この小説の中では、大和田市郎というスウェーデン公使館附武官が主人公であり、その妻静子も重要な役です。ここに出入りする日本人「森四郎」と大和田武官に情報を提供するポーランド人であるヤン・コワルスキー（別名ミハイル・クリコフ）も重要な役です。実質的にこの４人が登場人物です。

この小説のモデルは、当時、スウェーデン公使館付武官であった「小野寺信」とその妻「百合子」です。また、情報提供者は、ポーランド人のペーター・イワーノフです。


小説のストーリーにそって説明しましょう。

あるとき、少年がこの武官のマンションに一通の手紙を届けます。この手紙の中身は、次のような「内容」です。「ドイツ敗戦から３か月後にスターリンのソ連が満州を攻撃する」というものです。いままでの「コワルスキー」の情報に間違いはなかったので、大和田は早速「日本」に打電します。しかし、日本の軍部の反応はまったく「無視」です。そして、ドイツが敗戦します。１９４５年５月７日です。もし、コワルスキーの情報が正しければ、３か月後の１９４５年８月７日前後がソ連侵攻の日になります。実際は、１９４５年８月９日がソ連侵攻日ですから、コワルスキーの情報は正しかったのです。

その後、スウェーデン王立アカデミーに所属する科学者から大和田武官は次のような情報を得ます。1945年の7月下旬のことです。「アメリカが超強力爆弾の実験に成功した」というニュースを極秘で入手したというのです。「この情報を早く日本に打電し、戦争を終結してください」というのがこの科学者の希望でした。

なぜ、この科学者が極秘でこの情報を大和田武官に伝えたのかというと「この超強力爆弾のすさまじい威力」を憂えたからです。すなわち、「この超強力爆弾に実績」を作らせてはいけないことを考えたのです。

なぜなら、この超強力爆弾が1発あれば「ニューヨーク、ロンドン、ベルリン、パリ」といった世界中の「大都市」が瞬時に「消滅」してしまうからです。そうなれば、「この超強力爆弾を持っている国」が「世界を支配」できます。このために、この爆弾の「実績」を作らせてはならないと何度も大和田武官に訴えます。

ことの重大さを察知した「大和田武官」は、早速、日本の軍部に打電しますが、反応がありません。彼は悩みます。そして、大和田武官は、コワルスキーと森四郎に向かってスイスのベルンに密使として行ってくれないかと懇願します。スイスのベルンの公使館には「特別の暗号コード」があるので、そこにいる「藤村」武官に面談すれば、日本に伝えることができると確信したからです。

最初は、森四郎は拒みますが、夫人の静子からも頼まれたこともあり「承諾」します。こうして、森四郎とコワルスキーはスイスのベルンに向けて、密使として行くことになります。

また、原爆投下は2度あることまで例の科学者から聞いていますので、この情報も伝えることになります。そして、二人はストックホルムからスイスのベルンまでの苦難の旅に立ちます。

スウェーデンから、デンマーク、そしてドイツ経由でスイスのベルンまで行きます。途中で彼らの動きを察知したスパイに狙われますが「コワルスキー」の機転で救われます。しかし、そのとき、スイスのベルンにある公使館には、藤村武官は不在でしたが、佐久間、吉本という書記官に会うことができます。しかし、「原爆情報」をこれら二人の書記官に伝えますが「一笑」にふされます。そこで翌日森四郎は直接、藤村武官に会う約束を取り付けますが、結局、会うことはできませんでした。

もし、このとき、藤村武官が公使館にいれば、ことの重大さを察知し日本に打電していたかも知れません。そして、日本国政府は「ポツダム宣言」を受諾し、終戦を迎えていたかもしれません。7月中に「終戦」を迎えていれば「原爆投下」はなく、「原爆の威力の実績」は作れなかったのかも知れません。この話は小説だけの話ではなく、現実の小野寺武官ならこれを試みていたかも知れません。もしこの試みが成功していれば、広島、長崎の惨劇だけではなく、戦後の核競争も回避されていたかも知れないのです。

歴史に「もし」は「禁物」ですが、この「もし」だけは「実現」していれば「地球規模」の成果です。そういう意味で「諜報、情報」は非常に重要なのです。このことは、第5章で詳しく述べます。そして最後に、この小説を書かれた「佐々木譲氏」の取材力と構成力と執筆力に「驚愕」したことを申し添えておきます。

２.５　オルテガの最後の言葉

スペインの哲学者「ホセ・オルテガ・イ・ガセット」は、死の間際に次のような言葉を残しています。「戦争は国際紛争を解決する最終的手段である。しかし、広島・長崎への原爆投下により戦争は封印された。それでは、今後国際紛争を解決するにはどうすればよいのか？」

このオルテガの最後の言葉を検討してみましょう。

オルテガ・イ・ガセット（１８８３年〜１９５５年）は、スペインの哲学者です。マドリード生まれで、１９１０年にマドリード大学教授に就任し、広く文明論や国家論を論じ、マルクス・レーニン主義とファシズムをともに批判しています。大衆が生まれてくる社会の本質を鋭く捉えた著書『大衆の反逆』（１９２９年）がよく知られています。

「オルテガの遺言」にある「戦争は国際紛争解決の最終手段である」というはそのと

おりです。人類の歴史は「戦争の歴史」であり、それは、欧米、ロシア、中国の歴史を見ても明らかです。それは事実ですが、日本国だけは、その例外だと著者は思っています。

日本の歴史を見ると、日本は2度戦争を放棄した時代を経験しています。最初が「平安時代」です。約400年間もの間、平和を維持しました。常備軍を廃止し、死刑もなくし、事実上の「鎖国」をしいています。国家として「完成」された「状態」を維持しました。

もう一度は「江戸時代」です。約300年間、戦争のない時代を謳歌しました。江戸時代も常備軍を廃止し、事実上の「鎖国」をしています。特に、江戸時代は「完全に完成された国」を作ったと思います。この、日本の700年間を除いて、人類は「戦争の歴史」を歩んでいます。そういう意味で「オルテガの最後の言葉」は正しいのです。

次に、広島・長崎の原爆投下について、オルテガは「これで戦争は封印された」と言っていますが、これも「正しい」と思います。戦後、朝鮮戦争、ベトナム戦争、イラク戦争、アフガン戦争、コソボ紛争、ウクライナ戦争、イスラエル・アラブ戦争（中東戦争）などが起こりましたが、いずれも、地域限定戦争です。もちろん「核」は使用されていません。しかし、ここで著者が主張したいことは、国際紛争解決のための「戦争」は封印されたと主張するオルテガの「遺言」は正しいということです。というのは、これらの地域戦争で紛争が解決されていないからです。

ただし、ベトナム戦争だけは解決されています。ベトナム戦争は例外です。詳しい内容はここでは述べませんが、特に「朝鮮半島と中東地域」では、「緊張」は増大しています。つまり、これらの「地域限定戦争」は、オルテガの主張する「戦争」ではないのです。

結論を言うと、今日の世界における「国際紛争解決のための手段」は「核戦争」しかないのです。このことが「オルテガの最後の遺言」なのです。そういう意味で「戦争」は封印されたのです。

しかし、国際紛争は解決されなければなりません。このジレンマは今後の「人類」の課題です。さらに、悪いことに核兵器そのものが技術的に進化しているので、「戦略核兵器（大型の核）」だけではなく「戦術核兵器（小型の核）」も開発され「使用」できる状態になっています。したがって、いまの国際状況は「核戦争」が起きる「一歩手前」の状況なのです。核戦争は、第3次世界大戦のことを意味します。

聖書には「世界最終戦争」の予言があります。その予言では、世界最終戦争がイスラエルの「ハルマゲドン」で起こり、世界人口が3分の1になるというものです。この予言を著者は、信用していませんが参考にはしています。今後「核」使用を前提にした「第3次世界大戦」が起こることは「時間」の問題にすぎないと思います。その解決策が、第1章で述べた「今こそ、日本は核武装せよ！」という内容なのです。

これによって、必ず、世界の指導者は「核廃棄」をせざるをえなくなります。これを「成就」するためのコンセプトは「他者を思いやる気持ち」です。このコンセプトが地球を救うのです。

　また、このことを「日本」から発信する必要があります。なぜなら、前述したように、わが日本国は2度「戦争のない時代」を経験したという歴史的「遺産」がありま す。「平安時代」と「江戸時代」です。この完成された「時代の知恵」が今後の「世界」を救うことになるのです。ただし、「平安時代」や「江戸時代」のように「鎖国」をする必要はまったくありません。

　ただし、今はやりの「グローバリゼーション」は間違いです。「グローバリゼーション」の真の意味は「国境を取り払う」という意味です。これは、人間社会を否定し破壊に導くものなのです。したがって、これからの社会に必要なのは「国際交流」を中心にした「国際化」です。お互いの国の「文化」を認め合い、お互いの国の「歴史」を認め合う「心」が必要なのです。

第3章

戦後の核兵器の進化とキューバ危機

本章では、戦後の核兵器の進化とキューバ危機について、考察します。戦後の核兵器の進化は米ソ冷戦下を中心に行われ、キューバ危機は1962年10月に起こった危機でしたが、アメリカ大統領のJ・F・ケネディーの英断により核戦争は回避されました。

3.1 戦後の核兵器の進化と核競争

まず、戦後の核兵器の進化と核競争の実態をかいつまんで紹介しましょう。1945年の広島・長崎への原爆投下後、1949年9月25日にソ連はスターリンの命令で「原爆実験」に成功しています。また米国は1952年に物理学者テラー博士の開発した「水素爆弾」の実験に成功しています。同年イギリスが核実験に成功しました。この時点でP1からP3の時代に突入したのです。

1954年3月1日、アメリカはビキニ環礁において水爆実験をしています。この実験により、現地の漁民と第5福竜丸の乗組員が被害に遭います。この事件を発端にして「核廃絶運動」が広がります。そして、1955年に、ラッセル・アインシュタイン宣言が出されます。

特に、アインシュタイン博士は「マンハッタン計画の実質的な生みの親」ですから、深い「反省」の念を抱かれたと思います。また、1961年国連総会は、核兵器使用禁止宣言を採択します。

その一方で、フランスのドゴール政権はサハラ砂漠で核実験に成功します。1960年のことです。さらに、共産中国も毛沢東の決断で1964年に核実験に成功しました。ちょうど東京オリンピックが開催された直後のことでした。

こうして、P5の時代になります。この後、1974年にインドが核実験に成功します。P6の時代になったのです。つまり、1960年代から核開発競争は激しくなり、原子爆弾、水素爆弾だけでなくミサイルに核弾頭を搭載することが可能になったのです。この時代に、キューバ危機が1962年に起こります。一方、1963年8月5日部分的核実験停止条約（PTBT）が採択されますが、地下実験は可能です。しかし、核保有国は財政負担が増大して国民の生活を圧迫するようになったのです。

そして、時代は「デタント（緊張緩和）」と「米ソ交渉」に入りました。1968年6月12日核拡散防止条約（NPT）が国連で採択されます。しかし冷戦終了後、1990年以降は、インド、イスラエル、北朝鮮が核保有国になり、ついにP9の時代になり、「核」の拡散に歯止めがかからない状態です。

その一方で、2017年に「核兵器禁止条約」が国連で採択されますが、今後、イラン、サウジ、ブラジル、メキシコ、ドイツ等が核保有に踏み切ると著者は予想しています。したがって、日本も早く「核保有」の決断をしなければなりません。そして「核廃絶」への「シナリオ」を「日本発」で「発信」しなければならないのです。

そんなときに、ロシアのウクライナ侵攻（2022年2月）とハマスのガザ地区への攻撃（2023年10月）が始まりました。著者の「予感」が的中したのです。というのは、ロシアもイスラエルも「核保有国」だからです。

したがって、戦争が長引けば「核」を使用する可能性も否定できません。なぜなら「オルテガの遺言」が「貴重な遺言」だからです。「国際紛争を解決する最終手段が戦争である」。しかし「普通の戦争」では「解決しない」ことが戦後、80年弱の間で「証明」されてきたのです。

著者は次の「定理」を提示しています。

「国際紛争を解決する手段は核戦争しかない」（広島・長崎の悲劇以降の最終定理）。

この定理にしたがえば、第1章で説明した内容で「核廃絶」するしか「地球を救う」道はないのです。

次に、「戦術核」と「戦略核」の違いについて説明します。まず、戦術核とは「戦場単位で通常兵器の延長線上での使用を想定した核兵器」です。戦略核兵器に比べて射程が短いのです。つまり、比較的小型の核兵器と考えてよいと思います。

戦略核とは「戦略的目標に対して使用される核兵器」のことです。戦術核兵器よりも高威力で、敵国の軍事基地や行政機関、人口密集地、エネルギープラントなどの比較的大規模な目標破壊を目的とする核兵器を指す際に用いられます。つまり、比較的大型の核兵器と考えてよいでしょう。

次に、核弾頭の数の推移はどうなっているか見てみましょう。ストックホルムの国際平和研究所（ＳＩＰＲＩ）の調査では、２０２３年1月には世界で「1万２５１２発」の核弾頭が存在しています。２０２２年1月の同様の調査では「1万２７０５発」の核弾頭が存在していますから少しは減少しています。戦後のピーク時は、「７万発」の核弾頭が存在していましたから、随分減少したように感じますが、事実は以下のようです。

一つは、これらの数の内約90％を米ロが所有している点です。次に、この数字の減少は米国とロシアが「引退した核弾頭」を解体したことによるところが大きく、一方で軍用可能な核弾頭数の削減については、停滞がみられ、その数は再び増加しているのです。これが「世界の現実」です。

本節の最後に、１９５７年に書かれた『渚にて』というネヴィル・シュートの小説について紹介しておきます。1959年に映画化されています。監督は、スタンリー・クレイマーで、主演はグレゴリー・ペックです。映画の内容を簡単に説明しておきましょう。

1964年に第3次世界大戦が起こり、核戦争によって北半球が全滅したため、米国の原子力潜水艦「スコーピオン号」が南半球にあるオーストラリアのメルボルンに着きます。しかし、南半球にも「放射能汚染」の影響が及び、自宅で安楽死を選ぶ「市民」が増えてきます。追いつめられたこの潜水艦の乗務員は「オーストラリアの領海外」で「自沈」することを選択して、この映画は終わります。

この映画の後、地球を1回「滅亡」させることのできる核の量は「1なぎさ」と命名されました。今、地球に存在している核の量は何「なぎさ」であるか、著者は承知しておりませんが、少なくとも「1なぎさ」以上であることは確実です。したがって、早く「核廃絶」を成し遂げなければなりません。

3.2 キューバ危機悪夢の13日間

世界が核戦争の直前にまで行ったキューバ危機悪夢の13日間について、ここで振り返っておきましょう。

1962年10月、ソ連がキューバに核ミサイル基地を配備しようとして、米ソが激しく対立した事件です。米国が海上封鎖を実施したことで、ソ連が譲歩してミサイルを撤去し、核戦争は危ういところで回避されました。このとき、米国のケネディー大統領は、トルコにある米国の核ミサイル基地も撤去しています。

米ソ両国の首脳、ケネディーとフルシチョフの英断によって、世界はぎりぎりのところで滅亡の危機から救われたのです。

この後、フルシチョフは米国を訪問し、ケネディー大統領や共和党の有力議員であるニクソンと親交を温めました。しかし、数年後、ケネディー大統領もフルシチョフも首脳の座から降りることになります。ケネディー大統領はテキサス州の「ダラス」

で暗殺され、フルシチョフも失脚したからです。世界平和を「実現」した二人の「決断」は後世に残る「偉業」でした。この二人がその後も活躍していれば「暗黒の米ソ対立」もなかったかも知れず、「残念」でなりません。

ことの発端は１９６２年10月15日、米国国防総省（ペンタゴン）がソ連製準中距離弾道ミサイル（ＭＲＢＭ）がキューバに存在していることを発見したことから始まります。さらにその後３つの中距離弾道ミサイル（ＩＲＢＭ）を発見しました。そこから、悪夢の13日間が始まります。

一日目、10月16日（火）：上記したミサイルの発見の写真がＣＩＡ長官からケネディー大統領へ渡されます。これを受けて、大統領は国家安全保障会議執行委員会（エクスコム）を招集します。このとき、議論されたのは６つの選択肢（代替案）についてです。

① ソ連に対して外交的圧力と警告および頂上会談の実施。つまり外交交渉のみ。

② カストロ（キューバの最高指導者）への秘密裡のアプローチ。
③ 海上封鎖。
④ 空爆。
⑤ 軍事侵攻。
⑥ 何もしない。

これら6つの選択肢（代替案）の中でケネディー大統領はすぐに、選択肢①と選択肢⑥を却下しました。さらに、選択肢②と選択肢⑤も却下しました。つまり大統領は選択肢（代替案）③と④について議論することを「決断」しました。

二日目、10月17日（水）：上記した委員会で選択肢③（海上封鎖）と選択肢④（空爆）について議論されましたが、結論は出ませんでした。選択肢③と選択肢④で意見が分かれたためです。

三日目、10月18日（木）：大統領J・F・Kの弟である司法長官ロバート・ケネディーから5つの選択肢（代替案）の提示がありました。

① 1週間の準備と西欧諸国とラテンアメリカ諸国への通知の後に24日にＭＲＢＭの施設を爆撃する。

② フルシチョフへの警告の後にＭＲＢＭの施設を爆撃する。

③ ミサイルの存在・今後阻止する決意・戦争の決意・キューバ侵攻の決意をソ連に通告する。

④ 政治的予備会談を実施し失敗の場合に空爆と侵攻を行う。

⑤ 政治的予備折衝無しに空爆を行う。

これに対して様々な意見が出ましたが、海上封鎖から空爆へという意見が中心でした。妥協案としてトルコにある米軍基地の「ミサイル」を撤去するという案も選択肢のなかに入れられました。しかし、ケネディー大統領は「海上封鎖」の選択肢に傾きます。この夜、海上封鎖が有力になります。

四日目、10月19日（金）：「海上封鎖」という選択肢（代替案）が有力になり、「ラチ」があかない場合は「空爆」へと「シナリオ」が収束していきます。

五日目、10月20日（土）：正式な会議で「海上封鎖」という選択肢（代替案）に決定します。そして、10月22日（月）に大統領がテレビ・ラジオで発表することになります。

六日目、10月21日（日）：ケネディーは英国首相のマクミランに親書を送ります。フルシチョフの意図は、ベルリン問題とカリブ海問題の連携にあることを強調します。つまり、ベルリン戦略と今回のキューバ戦略は事実上、連携していることを確認したのです。

七日目、10月22日（月）：午前から重要な同盟各国への通知を行い、テレビ演説が始まります。内容は、今回の危機の事実と海上封鎖の決定を伝えるものでした。以下の7点です。

1．キューバ向けの船舶の「海上封鎖（海上隔離）」。

2.キューバへの空中監視。
3.他国へのキューバからのミサイル発射は米国への攻撃とみなす。
4.キューバに対する警戒態勢を指示。
5.米州機構全体に会議の招集。
6.国連安全保障理事会の緊急招集。
7.フルシチョフに「世界を壊滅の地獄から引き戻すための歴史的努力」に参加させること。

なお、この演説は、スペイン語とポルトガル語に翻訳され、中南米諸国に放送されました。ソ連は、これに対してそれ相応の対応をします。このとき、ソ連の大佐がモスクワで逮捕されます。逮捕されたソ連の大佐は、アメリカの協力者でした。

八日目、10月23日（火）：米州機構（ＯＡＳ）は、キューバのミサイルを取り除くあらゆる措置を認める決議を採択しました。今回の海上封鎖という措置の適法性が強められて集団的自衛行動となりました。そして国家安全保障会議執行委員会（エクスコム）の会議で海上封鎖宣言をしました。

フルシチョフからＪ・Ｆ・Ｋへ送られた書簡は10通以上に及びます。内容は、海上封鎖への抗議です。この書簡に対してＪ・Ｆ・Ｋは返事を送っています。「ホットライン」ができたのは、「キューバ危機」の後です。

九日目、10月24日（水）‥海上封鎖開始。午前10時に海上封鎖が開始されます。アメリカ陸海軍、日本、西ドイツ、トルコの米軍基地においても、総動員体制をかけました。ウ・タント国連事務総長代行が仲介を提案しました。このときは、両国ともこれに対して前向きでした。

十日目、10月25日（木）‥フルシチョフの模索が始まります。米国がキューバへの侵攻を行わないのであれば、ミサイル撤去を申し出ることを党中央委員会幹部会に提案したのです。多くの賛意を得ましたが、合図を送るのはしばらく控えることになります。また、この日、国連安保理において米ソ対立が激化。しかし、結果としてソ連がキューバにミサイルを配置していることを世界中に知らしめることに成功します。ここでも「航空写真」が生きてくるのです。

十一日目、10月26日（金）：フルシチョフからの書簡が届き「ミサイル撤去」の提案がありました。その内容は、ミサイルをキューバに置いたのは、キューバを侵攻から守るためで、もしアメリカがキューバを攻撃侵攻しないと約束すれば、国連の監視下でミサイルを撤去するという旨の内容でした。この内容の書簡はウ・タント国連事務総長代行にも届けられます。また、このときに準戦時体制が発令されます。日本、トルコ、イギリスのアメリカ軍基地も同様の体制を敷きました。

十二日目、10月27日（土）：この日は暗黒の土曜日と呼ばれています。危機は極限にまで達しました。ワシントンD.C.のソ連大使館で、職員が書類を焼却する姿が目撃され、開戦に備えているとの憶測が飛びます。そして、キューバの基地建設が進み、海上封鎖の封鎖線にソ連船舶６隻と東側の船舶が向かっているとの情報が入ります。

また、この日の午前中にフルシチョフの書簡がラジオで届きます。「トルコの核ミサイル基地撤去」を交換条件として要求してきたのです。ところが、悪いことに、この日の昼ごろキューバ上空を偵察飛行していたアメリカ空軍のU－2機がソ連軍によって撃墜され操縦していた少佐が死亡しました。しかし、ケネディー大統領はエスカレートすることを懸念し、すぐには反撃しないことにしました。このケネディーの「判断」が「良かった」と著者は考えています。

また、さらに悪いことが起こります。アラスカを飛行中であったU－2がソ連領空深くに侵入する事態が生じました。しかし、すぐに領空を出て「事なき」を得ました。この日にケネディーは書簡を作成。内容は以下の3点です。

1. キューバのミサイル基地建設の中止
2. 攻撃型ミサイルの撤去
3. 国際連合の査察団の受け入れ

この3条件を受け入れるなら海上封鎖を解き、キューバを攻撃しないというものです。この書簡が送信された後、ロバート・ケネディーは駐米ソ連大使と会い「キューバのミサイルの撤去が確認された段階で必ずトルコから米国の核ミサイルを撤去する」と約束します。しかし、米国の軍部は、10月30日に空爆か侵攻かの判断をするための会議を開くことを決めていました。米国軍部は10月30日（火）に戦争が起こると予測していたということです。

十三日目、10月28日（日）：米軍偵察機の撃墜により、ケネディー大統領が新たな声明を発表する準備をしているという観測が流れます。そこへ「カストロ」の書簡がフルシチョフに届きます。その内容は、アメリカへの核攻撃を求めていると解釈できる内容でした。

この内容にフルシチョフは怒り、フルシチョフの決断でソ連の国防大臣はキューバにあるミサイル基地の解体を命じたのです。この書簡が、キューバ危機を救ったとも言えます。

ワシントン時間10月28日（日）の午前9時にフルシチョフがモスクワ放送で「キューバのミサイル基地を解体する」と発表しました。アメリカのラジオもそのことを放送します。すなわち、フルシチョフはアメリカがキューバに侵攻しないことと引き換えにミサイル撤去に同意したのです。このフルシチョフの「決断」には、第1副首相である「ミコヤン」の助言があったものと思われます。

一方、米国の軍部は最後まで「侵攻」すべきだという「主張」が主流を占めていましたが、大統領J・F・Kの決断は揺るぎませんでした。その意味で、アメリカ合衆国の大統領ケネディーとソ連首相のフルシチョフの「合作」で「このキューバ危機」が救われたのだと著者は思います。

そして問題が解決した後、フルシチョフは渡米し、J・F・K始めニクソンとも会い、「米ソ冷戦」は一時「休戦状態」になります。しかし、J・F・Kは数年後、ダラスで「暗殺」され、フルシチョフも失脚してしまいます。そして、米国は後任のジョンソン大統領により「ベトナム戦争」に兵力を投入し、ソ連はフルシチョフの後任のブレジネフ書記長により「鉄のカーテン」が再び「復活」します。「米ソ冷戦」が終了するのは、アメリカ大統領ブッシュとソ連の書記長ゴルバチョフの時代まで待たねばならなかったのは非常に残念なことでした。

次に、このキューバ危機を戦略という側面から「解釈」してみましょう。すなわち、戦略的意思決定という考えから「成功の本質」をとらえると「戦略の統一」が必要であることがわかります。この側面からキューバ危機（１９６２年10月）の本質を分析してみます。

１９６２年当時は「米ソ冷戦時代」といわれ、米国と旧ソ連はともに戦略目標を平和に置いていました。その平和の担保として核を保有し、核の保有バランスが、平和という戦略のための戦術（核の保有バランス）でした。

ところが、米国ＣＩＡが当時のソ連の従属国であったキューバに、ミサイル基地（核ミサイル）があることを確認した。これは、米国にとって、核の保有バランスが崩れ、核の保有が平和戦略のための「戦術」になっていないことを意味しました。

そのために、当時の米国大統領ケネディーは、ソ連首相フルシチョフに「キューバからのミサイル撤去」を要求しました。そしてケネディーは、もしフルシチョフが約束を破れば、米国はためらわずに、カリブ海の海上封鎖とキューバ侵攻を実行すると通告しました。

図３．１　成功の本質の例

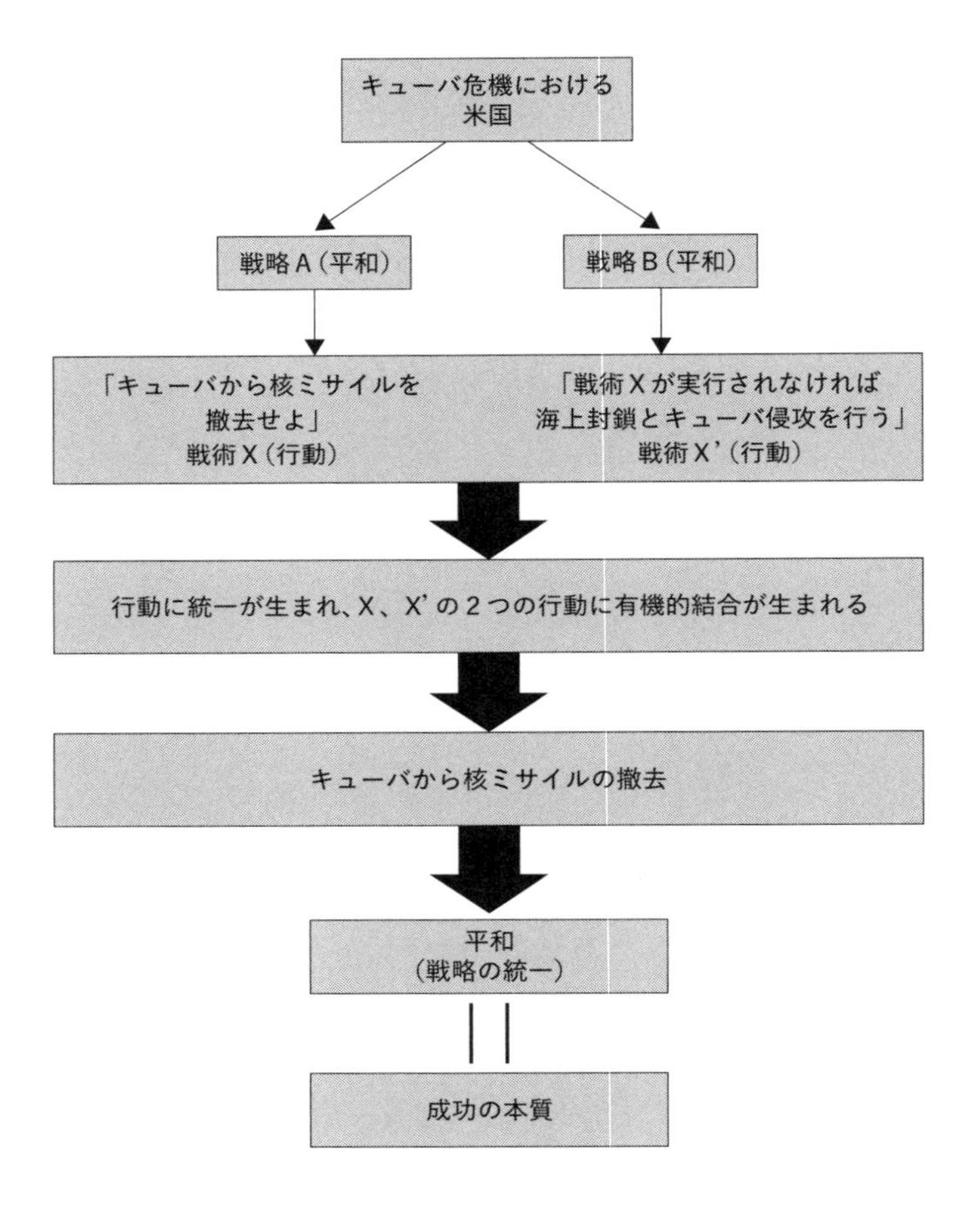
キューバ危機における
米国
戦略Ａ（平和）
戦略Ｂ（平和）
「キューバから核ミサイルを
撤去せよ」
戦術Ｘ（行動）
「戦術Ｘが実行されなければ
海上封鎖とキューバ侵攻を行う」
戦術Ｘ'（行動）
行動に統一が生まれ、Ｘ、Ｘ'の２つの行動に有機的結合が生まれる
キューバから核ミサイルの撤去
平和
（戦略の統一）
成功の本質

この米国のメッセージ（戦術）は、あくまで「平和戦略」に沿った行動であったため、事の重大さに納得したフルシチョフは、期限内にキューバからミサイルを撤去したのです。このことにより、世界の平和は保たれ、核保有の抑止力が証明されたのです（図3．1）。

第4章

核廃絶運動の歩み

本章では、核廃絶運動の歩みについて、被爆者でもある坪井直（すなお）さんの活動から紹介します。

4.1 坪井直氏について

著者が坪井直氏を知るきっかけとなったのは「NHKのクローズアップ現代」という番組ともう一つ別のTV番組です。被爆者のお一人としてこれらの番組に出演された坪井氏に「強烈な印象」を受けました。

著者は、2012年に国際会議に行く途中の飛行機のなかで「核廃絶の道筋のアイデア」を「データサイエンスの一つであるゲーム理論」により発見し、思わず隣に座っていた「家内」に「やったぞ」と叫びました。今でも、この感激は忘れません。「坪井直氏」のご活躍の様子を伝えるこれらの番組を見て、この飛行機のなかで考えついた「アイデア」を思い出したものです。

この番組で、坪井直氏が二人の米国人と面談するシーンがありました。一人は2016年に来日した「オバマアメリカ大統領」で、もう一人は、「エノラ・ゲイに搭乗していた元軍人」です。

まず、オバマ大統領に会われた様子は「テレビ」のニュース番組で見ました。これらの番組では、「このときの会話の詳細」は報道されなかったと記憶しています。しかし、現職のアメリカ大統領と坪井直氏が対面したことは「意義深い」ことだったと思います。

二人目のエノラ・ゲイに搭乗していた元軍人との会話は、今でも鮮明に覚えています。まず、坪井直氏は、この元軍人に「原爆投下」に関して「謝罪してほしい」と要求します。しかし、このアメリカの元軍人は「真珠湾＝パールハーバー」の仕返しだと断言します。しかし、坪井直氏は「真珠湾攻撃は謝りますが、真珠湾攻撃と原爆投下は本質的に異なるものだ」と反論します。著者の意見と同じです。

しかし、元軍人に責任を問うのは酷というものでしょう。原爆投下を決断した「トルーマンアメリカ大統領」にこそ責任があるはずです。また、マンハッタン計画を決断したルーズベルト大統領が悪いのです。

この元軍人は「軍人として、命令に従った」だけです。しかし、原爆を投下して多くの民間人を抹殺する行為は「戦争犯罪」です。このことを、著者は力説したいのです。坪井直氏も同様の気持ちだったと思います。

この番組では、坪井直氏が被爆した様子が語られます。1945年8月6日、現広島大学工学部の学生だった坪井直氏は爆心地から1・5キロメートルの地点で直接被爆します。顔や両腕に大やけどを負い40日間意識不明になりながらも一命をとりとめます。

その後、中学の数学教師として、原爆の恐ろしさを語り続け、退職後は被爆者団体の活動に身を捧げます。いつも口にしていた言葉が「ネバー・ギブアップ」です。不倒不屈の精神で核兵器廃絶運動に取り組んでこられた坪井直氏を表すのに、これ以上の「言葉」はないでしょう。

坪井直氏は、2021年10月24日に亡くなられました。その訃報は国内外を駆け巡りました。ただ、坪井直氏が生涯をかけて求めた平和と核廃絶への思いは決して色あせることはないでしょう。

また、坪井直氏の思いは「弟子」にも引き継がれています。松井久治氏という数学の先生です。松井先生が中学の数学の先生として赴任した中学校の「教頭先生」が坪井直先生だったのです。

このとき、坪井直先生は数学教育や生徒指導だけではなく、平和と核廃絶に対する「情熱」も伝授されたのです。このような「後継者」も坪井直先生は育てられています。著者も「教員」でしたから特に「頭が下がります」。ちなみに、坪井直先生は、広島名誉市民で、日本原水爆被害者団体協議会代表委員もされ、広島県原爆被害者団体協議会理事長も経験されています。

第1章で述べた「核廃絶への道しるべ」を天国にいらっしゃる「坪井直先生」にお読みいただければ、これ以上の喜びはありません。

4.2　核廃絶運動の歩み

次に、核廃絶運動の歴史を振り返ってみましょう。

まず、１９５０年代から高まった「核実験禁止」「核廃絶のための国際的運動」の背景から説明します。

戦後米ソ冷戦下において、米ソの核実験が頻繁に行われます。その後、英国、フランス、中国の核兵器保有が確認され、世界はＰ５の時代に突入します。「チャイナシンドローム」という言葉が流行し、核戦争の脅威が世界的に高まります。そして、これを契機に反核運動が活発になります。これらの活動は、国際機関や科学者・市民運動が中心で、現在に至っています。

さらに、米国のスリーマイル島や旧ソ連のチェルノブイリ、日本の福島原発の事故によって原子力発電所に対する不信感が増大しました。これは、核兵器だけではなく原子力全体に対する不信感・不安感の増大を意味します。そのなかで、２０２１年１月22日に核兵器禁止条約が発効しました。これらの背景をもう少し詳細に説明しましょう。

まず、第2次世界大戦後に広島・長崎の被害の様子が広く世界に知れ渡り、「核兵器」が人類の敵であるという認識のもと、１９４６年1月の国連総会で「核廃絶の決議」である「ノーモア・ヒロシマ」の声が広がりました。１９５０年には「ストックホルム宣言」を平和擁護世界大会委員会が行いました。その背景は、第3章でも触れましたが、以下の4点にまとめられます。

1．第5福竜丸の衝撃です。１９５４年3月1日ビキニ環礁での米国の水爆実験によって、現地の漁民と乗組員が被曝した事件です。

2．核廃絶運動の広がりです。まず、１９５５年7月9日の「ラッセル・アインシュタイン宣言」が出ます。これは、哲学者ラッセルと物理学者アインシュタインの宣言です。特にアインシュタインは、時の大統領ルーズベルトに「手紙」を送った「張本人」ですから本人の「反省」もこもっています。

１９５７年7月11日には「パグウォッシュ会議」で核廃絶声明が宣言されます。さらに、１９６１年国連総会で核兵器使用禁止宣言が採択されています。

3．キューバ危機です。これについては第3章で詳しく記述いたしましたので、ここでは省略します。

4．核寡占体制の確立です。米ソ二大国は核抑止力論により「冷戦」を戦いました。その結果核独占を目的とした核拡散防止条約（ＮＰＴ）を１９６８年に宣言しています。

次は緊張緩和と新たな拡散の現状です。１９７０年代はデタント（緊張緩和）の時代に入ります。しかしその後、核保有5大国（アメリカ、ソ連、英国、フランス、中国）以外に、インド、パキスタン、イスラエル、北朝鮮が核を保有し、Ｐ9の時代に突入します。また、イランも近々「核保有」の仲間に入るのは時間の問題と思われます。

その後、２０１７年に国連総会で「核兵器禁止条約」が採択されて、２０２１年１月22日に発効しました。

このように核廃絶運動や核兵器禁止条約や核廃絶運動に伴う「署名活動」を人類は行ってきました。このような「活動」が「立派な活動」であることは否定できません。

しかし、だからといって絶対に「核兵器廃絶」にはつながりません。10万人の署名、1億人の署名、10億人の署名を集めても絶対に「核兵器」はなくなりません。

そして、２０２４年の今日、第３次世界大戦の危機が迫ってきています。もし第3次世界大戦が勃発すれば、それは確実に「核戦争」になるでしょう。その確率は非常に「高く」なっています。早く、第1章で記述したように「核廃絶」のために「日本が核武装」すべきです。そして、世界中に「核兵器廃絶」のための「道しるべ」を世界に「発信」すべきです。もう時間がありません。時間が無いのです。早くこの「発想」に気が付く「日本の総理」が誕生することを願うばかりです。

第5章

アメリカからの独立とインテリジェンスの確立

本章では、アメリカからの真の独立と日本のインテリジェンスの確立について「著者」の意見を述べます。

5.1 アメリカからの真の独立なしに日本の未来はない

1945年8月15日に日本は第2次世界大戦に敗れました。そして、戦後はアメリカの属国として生存してきました。特に、1945年から1952年までの7年間はGHQの占領政策の指導を受けて国の政策が決められました。このGHQの最高司令官が有名なダグラス・マッカーサーです。

その後、1951年9月8日に講和条約がサンフランシスコで締結され、1952年4月28日に発効したのを受けて日本は再び「独立国」として再出発しました。また、この1951年9月8日に「日米安保条約」が締結され、1952年4月28日に発効しています。これを受け「日本に米軍基地」が合法的に配備されました。同時に「横田空域」始め「制空権」も一部「米国」の支配権がいまだに残っています。

さらに、日米地位協定によって、米軍基地は治外法権で、米国軍人の「犯罪」は「日本の司法」では裁けません。日米安保条約は、１９６０年1月19日に改定され、新安保条約として１９６０年6月23日に発効しています。しかし、治外法権に関してはそのまま残され、現在も改善されていません。

この条約改定は日本の岸首相とアメリカのアイゼンハワー大統領との間で結ばれました。この条約が現在まで続いているのです。さらに、後年、当時の日本における「最高実力者」である金丸信氏が「米国の要求」をのみ、「思いやり予算」（在日米軍駐留経費負担）に同意しています。

これらの状況を考えると現在の日本が「真の独立国」でないことは「一目瞭然」です。つまり、今（２０２４年）でも「日本はアメリカの植民地」が実態なのです。それでは、どのようにすれば「友好国アメリカ」と対等に付き合えるのでしょうか？

そのための「処方箋」を提案したいと思います。

まず、憲法の問題があります。私は、「数理科学（データサイエンス）を専門とする者」ですから、憲法問題については「門外漢」にすぎません。しかし、「現行憲法」が成立した経緯は多くの日本人と同様によく知っています。

現行憲法は、ＧＨＱの最高指導者である「マッカーサー」の部下である「ケーディス」という民政局の事務官を中心にして、「数週間」で仕上げられたとされています。ことの真偽はわかりませんが、長時間の議論によって練り上げられた憲法でないことは確かです。

著者の直観では、第1次世界大戦後のドイツで実施された「ワイマール憲法」にそっくりだと思います。あまりにも「理想的な憲法」で「現実の世界」を「反映」させたものでないことは「子供」でもわかります。

普通の国なら独立後、改めて「憲法」を作り直すのが「常識」です。これをしなかった「吉田茂」という「政治家」の「資質」を疑います。それでは、2024年の今どのようにすればよいか、著者の「独断と偏見」で「道筋」を示します。

まず、現行憲法の「信認投票」を「国民投票」で、すべきです。現に「この平和憲法」は「最高」の憲法だと思っている「健全な国民」が多いことを著者は知っています。しかし、日本は民主主義国家ですから、国民投票でまず「決着」をつけるべきです。これで、50％以上の日本人が「賛成」すれば「この現憲法」は「信認」されるのです。そして、日本人が「信認」した憲法として、「大事」にすべきです。この手続きが重要です。

しかし、もしこの憲法が「国民投票」で否決されれば「現憲法」を改正すべきです。そこで次にもし現憲法を改正するなら、以下の点であると「著者」は思っています。

まず、第1点は「自主防衛」するという「普通の国」の姿勢を「世界」に表明する必要があります。自分の国は自分で守るというのは、どんな小さな国でも「普通」にすることです。アメリカ様が守ってくれることに「期待」してはなりません。この「決意」が重要です。

次に、第1章ですでに述べましたが「核武装」することを「明記」すべきです。この核武装の目的は二つあります。一つが、「アメリカからの独立」です。もう一つが「核廃絶」のためです。この二つを「憲法」に明記すべきです。

一つ目の目的である「アメリカからの独立」は、日本人としての「誇り」を取り戻すために必要です。これで、アメリカにもはっきりと「自国のための発言」ができます。独立国として「自国の国益」を主張できない「国」は必ず「滅びる」のです。したがって、このことは声を「大」にして著者は「主張」したいと思います。

アメリカは太平洋を挟んだ「ライバル」ですが「友好国」でもあります。また、両国が「互いの国」を認め合うことも必要です。しかし、最低限、「自国の国民のための国益」は「主張」すべきです。

さらに言わせてもらえば、もし日本に「核攻撃」があっても「アメリカ」は絶対に「日本のために核の反撃はしません」。これは、アメリカの政府高官の「発言」や「文章」で著者は確認しています。

もうひとつの理由（日本の核武装に関して）は、第1章でも述べましたが「核廃絶」のためです。第1章でご説明したように、「木下のアイデア」を世界の指導者に理解してもらえば、必ず世界の核を「廃絶」できるのです。これは「断言」できます。したがって、この二つの理由とともに「日本の核武装」を憲法に明記すべきです。そして、再度、「国民投票」すべきです。

この国民投票は、かなり「やっかいな国民投票」になるでしょうが、「自国の国益」のためと「世界平和」のためにやらなければなりません。亡くなられましたが「坪井直先生」も「数学の先生」でしたから「木下のアイデア」を「ご理解」頂けると思います。この国民投票で「否決」されても良いし、可決されてもまた良いと著者は考えます。どちらにしても、日本国にとって核廃絶に取り組む「よい機会」になるからです。この国民投票のプロセスを示したのが、図5．1のフローチャートです。

もう1点、「新憲法」に明記したい項目があります。それは、第1章でも書きましたが「他者へのおもいやりの精神」です。これを、「専門家」が上手に憲法の条文に書き込むことを期待しています。

図５．１　憲法改正のためのフローチャート

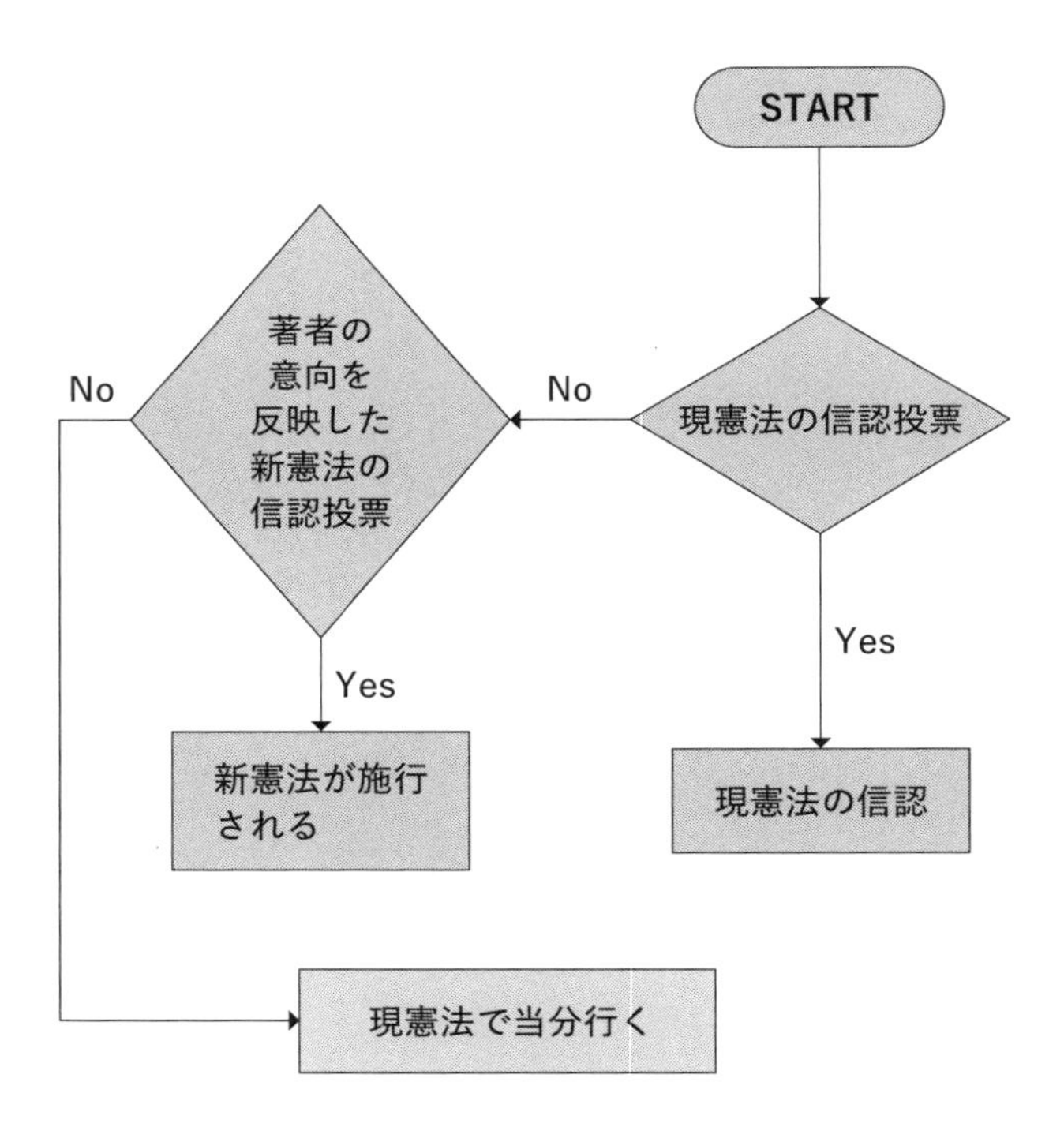

「自国の国益」と「他国へのおもいやりの精神」は一見「矛盾」するように感じますが、そうではありません。この二つは「共鳴」するものなのです。そしてこれらの文言が入った新憲法が一日も早く「実現」できる日を著者は期待して待ちたいと思います。

また、これは、「憲法」とは無関係ですが、日本が自主防衛するときの「武器」は、日本製にすべきです。高い「アメリカ製」の武器を買う必要はありません。核兵器は「日本」で作れます。優秀な製造会社が日本にあります。もう核実験をする必要はないので安全です。さらに、原子力発電所に必要な設備も日本製にすべきです。高くて、危険なアメリカ製を使用する必要はまったくありません。

そして、早く「プーチンのロシア」と「友好条約」を結ぶべきです。特に大国で核保有国のロシアとは「友人」関係を結ぶべきです。プーチンは「愛国主義者」で「ロシア愛」の強い方ですから「味方」にすべきです。彼は、国際情勢をよく理解している人物ですから、説得しだいで日本の「核保有」に賛同してくれるはずです。そして、「トランプ大統領」のアメリカが再び誕生すれば「事はうまくいく」と思います。

トランプ前大統領も、「日本の核武装」に賛同してくれると著者は思います。さらに、習近平中国ともうまく付き合わなければなりません。さらに、インド、イラン、サウジアラビア、ブラジル等の新興国（近い内に先進国になる）とも上手に付き合う必要があります。そのためには、日本の総理は、「相当ＩＱの高い人」が就任しなければなりません。そのための「補助線」として、日本国の総理は「国民投票」で選ぶべきです。君主制でも「総理を国民投票」で選任できますので、このための「法整備」を急ぐべきです。

そして、天皇陛下におかれましては、早く「象徴」から「国家元首」におなりになることを著者は願っています。御職務は今の天皇陛下のご職務と同じでよいとおもいます。国家元首である「天皇陛下」と「天皇陛下」から任命された「日本国総理」は、著者が主張している「宗教的権威」と「世俗的権威」を象徴するものです。これら二つの「権威」が「日本国」を守るのです。そのためにも、「天皇を国家元首にする」という「文言」が「新憲法」に書かれる方が良いと著者は考えます。

5.2 インテリジェンスの確立

今の日本国に欠けているもう一つの課題は「インテリジェンスの確立」です。本当の意味での「インテリジェンス」が今の日本に欠けているのです。内閣官房に「内閣情報調査室」がありますが、予算と人員（質と量）がまったく足りません。また、このような「情報機関」を「外務省」と「防衛省」に作るべきです。つまり、今の日本には「インテリジェンス」を専門とする公的機関が存在していないのです。したがって、一から作るべきだと考えます。

戦前の日本には「陸軍中野学校」があり、多くの卒業生が活躍しました。特に、東南アジアに派遣された方々は、その後の「東南アジア」の独立運動を助けるために活躍されています。実際に戦後になって、これら東南アジアの国々は植民地を脱して、それぞれ独立をはたしています。その意味で戦前日本の「大東亜共栄圏」の構想は間違っていなかったと思います。

例えば、小野田少尉は、フィリピンのルバング島で29年間も「ある任務」のため、潜伏していました。そして、日本人ジャーナリストの説得に応じて、1974年3月12日に日本航空で帰国しています。帰国の前には当時の大統領であるマルコス氏とマラカニアン宮殿で面談しています。しかし、帰国後の日本には「適応」できずに、晩年は「ブラジル」に移住されています。

小野田少尉に課せられた「任務」のことを著者は承知していませんが、大変な「任務」だったようです。

また、日露戦争以前のことですが、明石元二郎大佐は、「日露戦争」に日本が勝利するために「レーニンの友達」になり、ロシア革命を「促進」させるという活躍をしています。これにより、ロシアのロマノフ王朝の弱体化に成功しています。これは、かなり「信憑性がある」事実です。つまり、かつての日本人は、決して「情報戦」に弱かったわけではなかったのです。

先述しましたが「戦後の東南アジアの西欧諸国からの独立」の陰に「陸軍中野学校の卒業生」の活躍がありました。そして、世界の最高の諜報機関である「モサド：イスラエル」「CIA：アメリカ」「MI6：イギリス」「KGB：旧ソ連」「中国公安：中華人民共和国」はいずれも、陸軍中野学校からも多くを学んだと、著者は思っています。

では、この陸軍中野学校とはどういうものだったのか。

陸軍中野学校は大日本帝国陸軍の情報機関の一つで、諜報や防諜、宣伝等秘密戦に関する教育や訓練を目的とした軍の学校です。かつての所在地は、東京都中野区中野4丁目付近で、校名の中野は地名に由来しています。偽装用の通称名は東京33部隊です。

第二次上海事変が起きた1937年、戦争形態の加速度的進化で謀略の重要性が増し、岩畔中佐が参謀本部に「諜報謀略の科学化」という意見書を提出しました。同年末に陸軍が中心となって創設が決定されます。そして、岩畔中佐を中心に１９３８年３月に「防諜研究所」としてスタートしています。

１９３８年７月より第１期生19名の教育がスタートします。１９３９年５月に「後方勤務要員養成所」に改編されます。そして、１９３９年７月に第１期生が卒業します。１９４０年には、陸軍中野学校と改名されます。さらに１９４１年には、陸軍参謀本部直轄の軍学校へと成長していきます。そして、終戦の日である１９４５年８月15日に閉校となっています。

では、陸軍中野学校における教育の内容はどうだったのか。

まず、学生は東京帝大や早稲田大学、慶応大学、明治大学、法政大学、立教大学等で優秀な成績をおさめた卒業生ばかりです。それに「心身」が健全な若者が選抜されていいます。「優秀な頭脳」と「たくましい体」の持ち主です。さらに「精神力」も高いレベルの「青年」です。教育は基礎体力の育成（柔道や剣道）、射撃訓練、精神力をさらにつける訓練、語学（外国語は２か国語マスター）、数学（暗号解読等に必要な学力）等、理系の基礎学力、情報収集力の付け方（対男性用と対女性用）、金庫の開け方、どうしても必要なときの「殺人術」、さらに偽装のため最低2種類の「職業」を学び、また「社交ダンス」をマスターし、「軍服」ではなく「背広」ですごすことを「義務」とし、また「髪」は長髪が基本でした。このような訓練を経て、第1期生19名が、中国や東南アジア、旧ソ連、米国、ヨーロッパに旅立ちました。

これら第1期生の活躍は、おそらく「想像を絶する活躍」であったと思われます。このような中野学校の「活躍」にもかかわらず情報戦で英米に敗れたのは、これら「諜報活動」で得られた「情報」を「軍事作戦」に「転化」できなかったからです。「参謀本部」の「力量不足」と言わざるを得ません。すなわち、日本には「戦略的意思決定」を行う「知識」も「知恵」もなかったということです。

現場の諜報員の活躍とそれを生かす「知恵」の間のギャップが大きかったというのが著者の結論です。つまり、これから21世紀型「陸軍中野学校」を作っても、その情報を「戦略的に使う」術がなければ失敗します。

したがって、21世紀型「陸軍中野学校」だけではなく「戦略的意思決定」を学ぶ

「学校」の設立が急がれます。それは、大学に「軍事学部」を作ることではなく、大学に「戦略的意思決定法」を教える「学部」が必要なのです。この学部の目的は「経営戦略」を教える学部で良いのです。

「ビジネス」と「戦争」の勝敗を左右するのは、「戦略論」です。日本企業は社員は優秀であるのに社長やＣＥＯが「戦略思考」ができず、「敗退」することが多くなっています。「日本ビジネス」のアキレス腱もここにあります。今の日本に欠乏している「内容」はすべて「戦略的意思決定」の「スキル」なのです。このような「教育」のなかで初めて「真のリーダー」が育つはずです。

次節では、その失敗例を小説『エトロフ発緊急電』（佐々木譲、新潮社、１９８９年）を参考にして考えてみましょう。

5.3 エトロフ発緊急電

この小説はケリー・斉藤（斉藤賢一郎）という日系アメリカ人が横浜港に着いたと

ころから始まります。彼はアメリカのスパイで、東京に住む米国人のスレンセンというアメリカのスパイに会います。スレンセンは、東京にある「教会」に勤務する牧師です。さらに斉藤は金森というアメリカのスパイとも接触します。

また、斉藤は日本国の軍事機密を探るため「満州国の大使館」に忍びこみ、「重要機密」を盗み出します。そして、東京にある「教会」に潜伏します。この教会の牧師が先ほど紹介したスレンセンです。その日、たまたま海軍文官（法務官）の山脇と婚約者安藤との「結婚式」が行われていました。そこへ、憲兵大尉の秋庭が捜査のため部下の磯田軍曹と共に訪れます。そして、秋庭は「斉藤」に目を付けますが、斉藤が安藤の知り合いということで「難」を逃れます。

その後、斉藤の相棒であるスレンセンも金森も死亡します。しかし、東京での「情報」のお蔭で、斉藤は「エトロフ島」に海軍の戦艦が集結し、「ハワイの真珠湾」を攻撃するという「軍事機密」を把握してエトロフ島まで行きます。その動きを察知した憲兵大尉の秋庭は磯田に命じて「斉藤」の後を追わせます。そして、二人とも（斉藤と磯田）数日かけて、「エトロフ島」に着きます。

そこで、斉藤は「岡谷ゆき」というエトロフ島にある駅逓の女主人に会います。彼女はロシア人と日本人のハーフという設定です。この女主人の岡谷と斉藤は「恋仲」になります。

斉藤の使命はこのエトロフ島に集結している「戦艦」が「ハワイ真珠湾攻撃」のために「集結」していることを「確認」することと、この作戦の決行日を知ること。そして、この情報を発信するための場所を確保することでした。

数日が経過して、斉藤が「情報を確認」して、暗号文を打電するかしないかというまさにそのとき、エトロフ島に駐屯していた海軍中尉の浜崎と磯田軍曹が、打電中の「斉藤」を見つけ、斉藤に向かってピストルを発砲。斉藤はまもなく死ぬのですが、浜崎中尉はまだ息のある「斉藤」に向かって「打電」したのかと「問い詰め」ます。しかし、斉藤は答えません。

浜崎中尉は悩みます。斉藤が打電したのか、まだ打電していないのか、によって浜崎の対応が変わるからです。斉藤がすでに打電したのならこの内容を「大本営」にすぐ「報告」できますが、まだ打電していないならなにもしない方がよいからです。したがって、「打電したか、打電しなかったのか」の判断ができない状態にある以上、浜崎は「何もできない」のです。

これは「数理科学のゲームの理論におけるジレンマ」の状態です。このように、「戦争」や「経営戦略」には「ゲーム理論のようなデータサイエンス」が有効なことが理解できます。

物語の最後は、斉藤の恋人であった岡谷ゆきが、エトロフ島から北海道に渡る「シーン」へと繋がります。エトロフ島は、スターリンのソ連領になったからです。このとき、岡谷ゆきが斉藤の子供を抱いている「姿」が印象的でした。

この小説の主人公である「斉藤」は実在の人物であり、実際に彼は「打電」しているはずです。そして、大統領ルーズベルトは「事前に知っていた」と思います。さらに、日本による「真珠湾攻撃」はルーズベルトにとって「ウェルカムパールハーバー」だったと著者は信じています。彼は「日本との戦争をしたくてしかたがなかった」からです。

5.4 戦略的意思決定を構成する7つのステップ

インテリジェンスの確立のためには「戦略的意思決定」という「考え方」が必ず必要です。そこで本節では著者が創造した、戦略的意思決定を構成する7つのステップについて簡単に説明します。

戦略的意思決定は、以下に示す7つのステップで構成されていると著者は考えています。この7つのステップとは、①戦略の決定、②情報の収集、③視点の検証、④原因とはなにか、⑤戦術の選定、⑥戦術の実行、⑦成功か失敗かの判断です。順を追って説明しましょう。

5.4.1 戦略の決定

戦略的意思決定が行われるには、「崇高な戦略」と「具体的な戦術」が共存し、かつこれらが有機的に結合していることが必要です。そのためには、戦略とは何か、戦術とは何か、戦略と戦術の違いはなにかということを明確にしておかなければなりません。

物事は、必ず戦略的に対立する2つの側面から成り立っています。例えば、左と右、上と下、あるいは戦争と平和などが挙げられます。このように、二つの側面のうち、どちらか一つを選ばなければならず、二つを同時に行うことはできないような行動の方向の決定を「戦略の決定」といいます。

成功するときは「必ず戦略の統一」が成立しています。例えば、「キューバ危機」における「ケネディーの戦略」がよい例です。第3章の図3．1に示したようにケネディー戦略は「戦略の統一」で「平和」を勝ち取っています。

一方、第2次世界大戦時の「日本」は図5．2に示したように日本軍部の戦略は「戦略の不統一」で「敗戦」になっています。つまり、前者の例は「成功の本質」であり、後者の例は「失敗の本質」なのです。

次に、戦術とは戦略を実現させるための手段・方法のことです。したがって、戦術

図５．２　失敗の本質の例

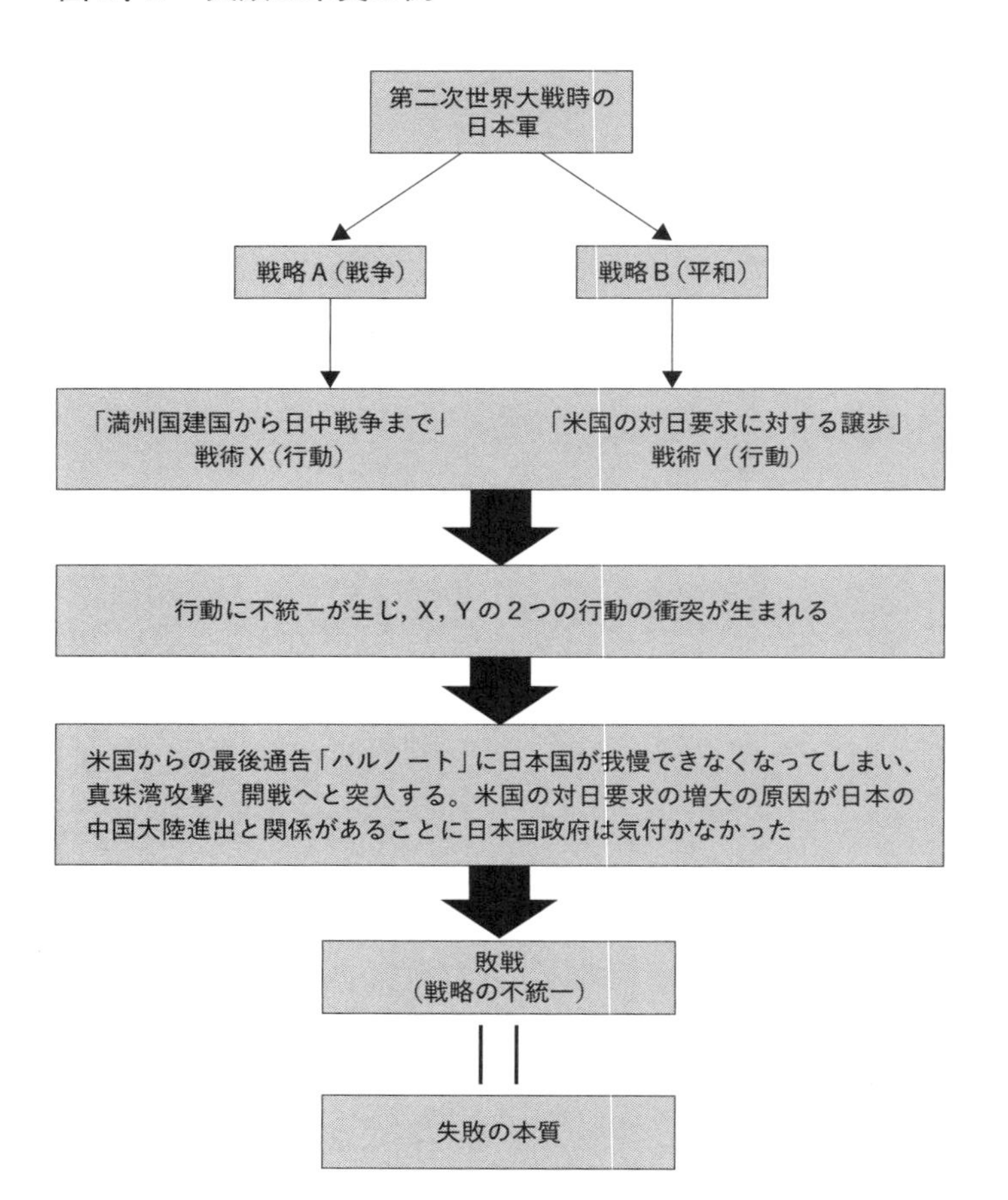
第二次世界大戦時の
日本軍
戦略Ａ（戦争）
戦略Ｂ（平和）
「満州国建国から日中戦争まで」
戦術Ｘ（行動）
「米国の対日要求に対する譲歩」
戦術Ｙ（行動）
行動に不統一が生じ，Ｘ，Ｙの２つの行動の衝突が生まれる
米国からの最後通告「ハルノート」に日本国が我慢できなくなってしまい、
真珠湾攻撃、開戦へと突入する。米国の対日要求の増大の原因が日本の
中国大陸進出と関係があることに日本国政府は気付かなかった
敗戦
（戦略の不統一）
失敗の本質

は、二つのうち一つを選ぶという関係にはないのです。多くの戦術が、戦略に従っているものであれば、どれを選んでもよいのです。結論を端的に表現すれば以下のような定理になります。

「戦術は戦略に従属する」（戦略・戦術の定理）

5.4.2　情報の収集

情報には日常的情報と非日常的情報の2種類があります。日常的情報は、インフラ情報と呼ばれ新聞、テレビ、週刊誌・雑誌、インターネット上の情報を指します。このインフラ情報の中身を「インフォメーション」と名付けます。また、ある目的（戦略）に沿って選び出されたインフラ情報を「スーパーインフォメーション」と名付けます。

一方、非日常的情報は、フロー情報と呼ばれ、一般的に公開されていない情報を指します。それはフェースツーフェースからの情報や、戦争時の通信傍受、あるいはスパイ情報を指します。このような情報の中身を「インテリジェンス」と名付けます。また、情報媒体の中の情報から、ある目的（戦略）をもって選び出されたフロー情報を「スーパーインテリジェンス」と呼ぶことにいたします。

5.4.3 視点の検証

一つひとつの情報は、その情報を入手したときの自分の立場と、情報を出した人の立場を検証する必要があります。その検証により、嘘の情報と真実の情報の区別がつくのです。

5.4.4 原因とは何か

戦略的意思決定の際の重要な心構えは、原因と結果との違いを明確に認識することです。原因がわかれば結果が推論できるのです。すなわち、

原因→結果（条件）

という推移が成立するのです。これを「原因と結果」の法則と名付けることにします。条件とは、原因と結果の法則が作動するための環境整備のことを意味しています。そのため、原因と条件を混同してしまうと、重要な意思決定を誤ることになります。このことは、因果関係と相関関係の違いで説明できます。例えば、ある高校で、喫煙と成績の間に相関関係があることを、この高校で学生指導に当たっている先生が調査しました。すなわち、「喫煙をしている生徒の成績が悪い」という結論に達したのです。このことを例にして、以下のような推論をこの先生は行いました。

生徒の喫煙→成績の低下
（原因）　（結果）

すなわち、生徒の喫煙が原因で生徒の成績が低下したという結果を導きました。しかし、この原因と結果の法則が間違っていることは一目瞭然です。なぜなら、この先生は、生徒の喫煙と成績の低下の相関関係を調査したのであって、両者の因果関係を調査したのではないからです。したがって、以下のような推論も成立するのです。

成績の低下→生徒の喫煙
（原因）　（結果）

すなわち、成績の低下が原因で、生徒の喫煙が結果なのかもしれないのです。あるいは、第3の要因が原因で、成績の低下と生徒の喫煙が同時に発生したかもしれません。すなわち、以下のような推論が成立するのです。

第3の要因→成績の低下
（原因）　（結果）
　　　　→生徒の喫煙（結果）

以上により、以下の結論を得ることができます。「原因と結果の関係は因果関係にあり、相関関係ではない」ことを明確に認識しなければならないのです。

5.4.5　戦術の選定

戦術は、戦略に従属することを念頭に置き、戦略からみた戦術の分析をしなければなりません。戦術のみの分析で戦術を実行すれば、目的である戦略を見失い、結果的に大失敗を犯すことになります。その意味で、戦術の選定は、戦略（目的）を達成するためにどのような戦術が最適であるかを分析した結果を十分吟味しなければならないのです。

5.4.6　戦術の実行

戦術は、実行することで初めてその任務を果たすことになります。また、戦術を実行するために手段があり、戦術を否定すると戦略は消えるのです。第2次世界大戦における大日本帝国の最大の失敗は、真珠湾攻撃の詰めの甘さです。

初動攻撃があまりにもうまくいきすぎ、勝った勝ったと騒ぎ、提灯行列を繰り広げる日本人のメンタリティーこそ「非戦略的行動」なのです。

この戦争の目的は、ABCDラインを取り除き、石油を確保することにあり、米国の要求（ハルノート）を退けることにあります。単なる戦闘行為の初動の勝敗に一喜一憂してはならなかったのです。

ハワイ真珠湾攻撃の失敗を「戦術の実行」の例として、以下に述べます。

「ハワイ真珠湾攻撃の失敗」は「深追いすべき戦闘において深追いしなかったこと」が間違いでした。なぜなら、戦争において、短期決戦に出て成功した例はたくさんありますが、長期戦に持ち込んで成功した例はないからです。すなわち、長期戦が国家に利益をもたらしたことはないのです。それが証拠に、明治の指導者は日露戦争を早期終結させて成功をおさめたが、昭和の指導者は第2次世界大戦の初動期で「勝った、勝った」と浮かれて、長期戦に持ち込んで大失敗しているのです。

孫子がいうように、戦争は政治目的を達成するための手段にすぎないのです。そしてそこから得られる結論は、「戦わないで勝つことがベスト」です。このような大局的戦略的発想が必要です。すなわち、連戦連勝など愚の骨頂であり、単なる戦闘技術の発揮のみに全力を傾けるなどナンセンス以外のなにものでもないのです。すでに連戦すること自体戦略なき戦いであり、死活の決戦以外の戦いをいかに回避するかが戦略家の目指すべき方向なのです。

そして、死活の決戦にもてるカードをすべて出し切り、意志の集中、力の集中を図るのです。第2次世界大戦における死活の決戦は「真珠湾攻撃」であり、この攻撃に日本のすべてのカードを出し切り、力の集中を図らなければならなかったのです。

そのためには、初動攻撃だけではなく、第2次、第3次攻撃でハワイの石油タンクを爆撃しておく必要がありました。そうすれば、アメリカはハワイではなく、ロサンゼルスにおいて給油する必要があり、後の「東京大空襲」や「原子爆弾」の投下などの「プロジェクト」も成立していなかったでしょう。さらに、真珠湾攻撃のときには不在だったエンタープライズやレキシントンといった航空母艦（空母）を撃沈しておくべきだったのです。初動攻撃で日本の機動隊の実力が予想以上に絶大であることが証明されたのですから。

このような、第2次、第3次攻撃が実行されていれば、この時点で第2次世界大戦は終結できたはずです。そうすれば、日本各地での「大空襲」や「原爆投下」も「沖縄決戦」も「神風特攻隊」もなかったでしょう。そして、この戦争を「引き分けにする」配慮をアメリカ側に示せば、アメリカは気分よく「石油」を売ってくれたと思います。「戦略的意思決定」がいかに重要かが「この例」でおわかりいただけたと思います。

5.4.7 成功か失敗かの判断

「戦略が達成されれば成功であり、それ以外は失敗である」というのが結論です。最後にこれまで説明してきました戦略的意思決定の７つのステップそのものが「成功の秘訣」であります。また、この言葉を本章の結論にしたいと思います。さらに、本章の「題目」である「アメリカからの独立とインテリジェンスの確立」も「戦略的意思決定」が最も重要なキーワードになるのです。

第6章

アメリカの崩壊

ここで、「アメリカの崩壊」について、著者の意見を述べておきたいと思います。
1991年12月に「ソビエト帝国が崩壊」しました。この原因について多くの「専門家」が論説していますが、著者は次の二つが原因だと思っています。
一つはソ連の国是（イデオロギー）である「世界革命」を推進することを、放棄したからです。「共産主義」が良いか悪いかの判断は「専門家」に委ねることにしますのでここでは論評はしません。どちらにしても、この国是を喪失したことが「第1の原因」です。

もう一つは「国の富」の配分に格差が生じたことです。つまり、所得の二極化が生じたのです。これも常識的な格差ならよいのですが、極端な格差は「低所得者層」がついてきません。この二つの原因で「ソ連」が崩壊し、近い将来「アメリカ」も崩壊すると著者は主張します。

それでは、「アメリカの崩壊」の原因は何になるのでしょうか？　結論を先に申し上げるとそれには二つあります。一つは、アメリカの国是である「戦争」を放棄したからです。そして、もう一つは現在のアメリカで所得の極端な二極化現象が起こっているからです。

今のアメリカの経済は「反の経済」（反の経済については本章で詳しく説明します）に入っています。そのため「デフレギャップ」を有する「インフレ」になっているのです。そして、「国の富」は極端に「二極化」しています。これら二つの原因で近い将来「アメリカ」は必ず崩壊します。

6.1　アメリカの歴史

イギリスの植民地であったアメリカが独立したのは1776年です。西部開拓などを経て、アメリカ本土と呼ばれる地域が確定したのは1846年頃だといわれています。さらに1887年にはロシアからアラスカを購入し、1898年にはハワイを併合し、領土を拡大していきました。

19世紀後半には鉄道網の整備が始まり、鉄鋼業や石油産業が盛んになっていきます。トーマス・エジソンが白熱電球を、アレクサンダー・グラハム・ベルが電話を発明するなど、のちの製造業発展への基礎も固められていきます。

20世紀になると自動車産業が登場しました。フォード・モーターが創業したのは1903年、ゼネラルモーターズ（GM）は1908年創業です。アメリカ経済が活況を呈する大きな契機となったのは、1914年からの第1次世界大戦でした。アメリカも途中から協商国側として参戦しましたが、ヨーロッパを中心にした大戦であり、戦場にならなかったアメリカは物資の輸出国として繁栄します。

第1次世界大戦が終わっても、無傷の戦勝国アメリカには資金が集まり、戦争で疲弊したヨーロッパ諸国に取って代わり、世界経済の中心として発展します。同時に市民生活も向上し、ラジオや自動車といった工業製品の需要が高まった時代でもありました。

しかし、1929年に起きた「ブラックサーズデー」で、図6．1に掲載した「正

図6．1　20世紀前半のアメリカにおける「正と反の経済線」

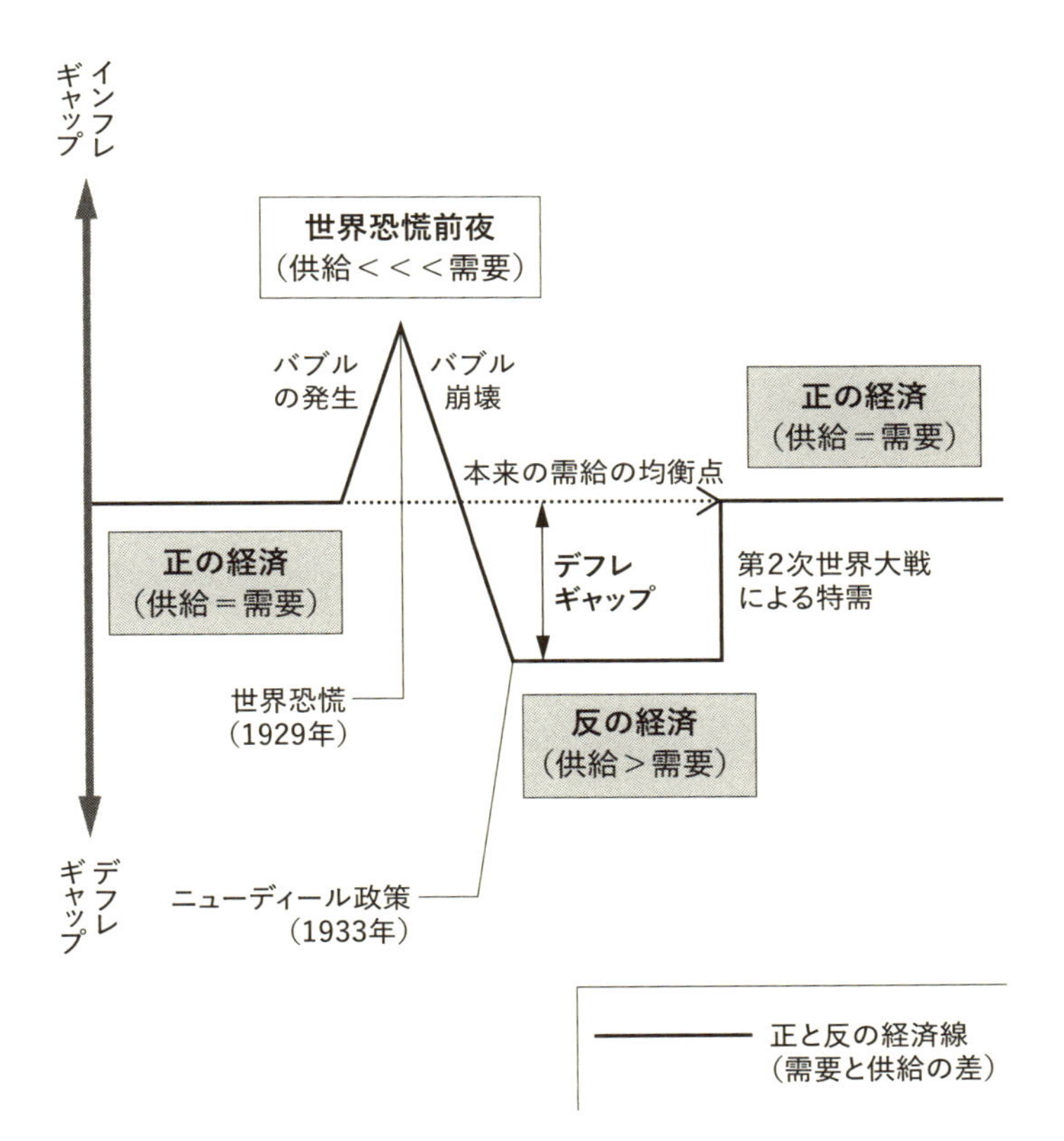

と反の経済線」のように「反の経済」に突入します。

ここで、「正と反の経済」（木下提唱）と「正と反の経済線」（木下提唱）の説明を簡単にしておきます。

まず「正と反の経済」とは、つぎのようなことを指しています。ものを作れば必ず売れる状態にあるのが「正の経済」で、ものを作っても全部が売れない状態にあるのが「反の経済」です。ものを作っても全部が売れない状態を「デフレギャップ」があるといいます。

一方、ものを作れば必ず全部売れる状態を「デフレギャップ」がないといいます。ところで、「デフレギャップ」がない「正の経済」では、過剰な需要で「バブル」が発生します。このバブルの状態を「インフレギャップ」があるといいます。

次に、「正と反の経済線」とは、横軸に時間をとり、縦軸には「上方」に「インフレギャップ」を「下方」に「デフレギャップ」をとります。このようなグラフを作成すると「国」単位の経済状況を長いスパンで見ることができます。

アメリカが「反の経済」から脱することができたのは、第2次世界大戦によるものです。前回の大戦と同様、アメリカ本土が戦場となることはなく、また戦時国債の発行など、積極的な財政出動を行って、一時19パーセントにまで高まっていた失業率が１９４４年には１・２％にまで改善されました。

第2次世界大戦中の１９４４年7月、「ブレトン・ウッズ協定」により、戦後の国際通貨体制が確立します。ブレトン・ウッズ協定とは金１オンスが35ドルと定められた「金本位制」です。これにより、米ドルは世界の基軸通貨としての地位を確定させ、名実ともに世界の覇権国となったのです。

ここで世界の覇権国の推移と日本の関係を整理した図６．２をご覧ください。覇権国の推移と日本の関係がよくわかると思います。また、２０２４年以降の覇権国はどの国になるのか「興味」がありますが、第1章での内容が成就されると「日本」になる可能性が「大」です。しかし、第1章でも少し述べましたがもう「覇権国」という

図６．２　覇権国と日本の関係

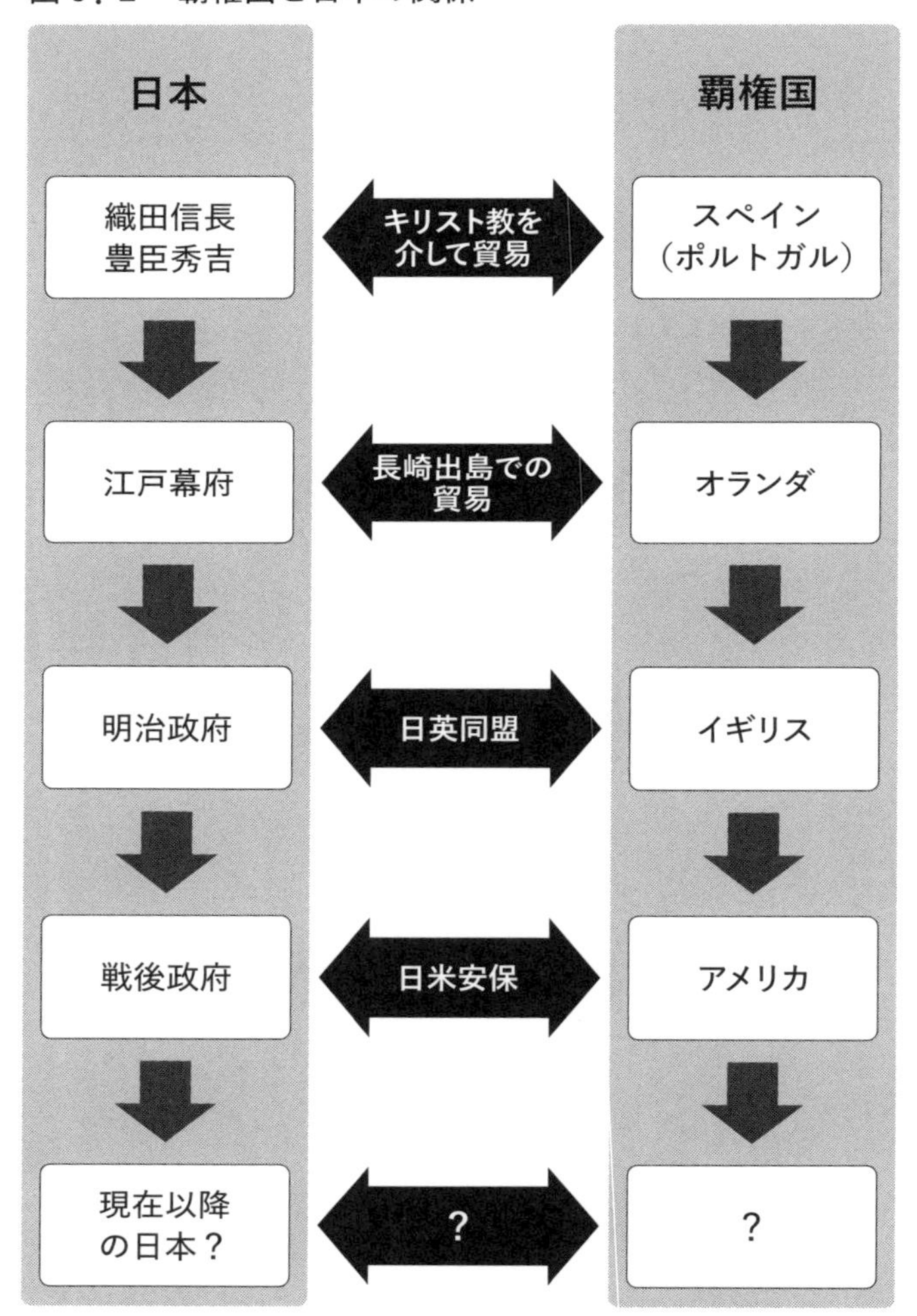

「発想」そのものが古くなると思います。世界中の各国が「尊敬」する国に「日本」がなるということです。しかし、何度も繰り返しますが「世界中の核兵器が廃絶される」ことが必要十分条件です。

第2次世界大戦によって「反の経済」を脱したアメリカは、戦時中に花開いた自動車、家電の大量生産システムやトランジスターの発明、半導体やコンピューター、航空機などの事業化により、世界一の経済大国としての地位を固めています。圧倒的な経済力で「パックス・アメリカーナ」（アメリカによる平和）といわれる超大国の地位を確立したのです。

一方で、米ソ対立、資本主義と共産主義の対立の構図が鮮明になりましたが、アメリカは資本主義世界の盟主として世界秩序を再構築していきます。
また、戦争を終えてからのアメリカは「正の経済」が続きます。ただ、「正の経済」のもとでも絶えず小さなインフレとデフレが発生しています。

そんななか、アメリカは社会保障や完全雇用実現など、ケインズ主義的な政策で経済の安定化を図りました。金融政策と財政政策を組み合わせたマクロ経済政策が、穏やかなインフレと堅実なＧＤＰの上昇を実現し、１９５０年代から60年代にかけてのアメリカは「黄金時代」を迎え、豊かで自由な国として、世界中の羨望を集めたのです。

黄金時代がほころび始めたきっかけはベトナム戦争でした。ベトナム戦争がエスカレートすると、増大した軍事予算と社会福祉予算によって総需要が増え、経済が過熱していきます。

民間需要があるのに政府が積極的に財政出動を行うと、民間需要を政府が奪う「クラウディング・アウト」が発生します。これを「ケインズの誤謬」と名づけましょう。「正の経済」では需要があるため、本来、政府の積極的な介入は必要ないのです。

一方、「反の経済」では話は異なります。「反の経済」では「供給＞需要」ですから、政府が介入して需要を押し上げてやることに大きな意味があります。

ケインズが活躍した１９３０年代のアメリカは「反の経済」なので、政府の積極的な財政出動には意味がありました。しかし、１９７０年代前後は「正の経済」です。需要と供給は基本的に均衡していますから、政府は介入すべきではないのです。

当時、普及が始まっていたカラーテレビによってベトナム戦争の生々しい姿がアメリカの家庭に届けられるようになると、国内で反戦運動が高まっていきました。「なぜアメリカが遠いベトナムで戦争をする必要があるのか」と戦争の意義に疑いがもたれ始めたのです。

ベトナム戦争は、初めてアメリカが完敗した戦争でした。アメリカの歴史は戦争の歴史です。独立戦争に始まり米英戦争、西部開拓における先住民との戦争、南北戦争、ニューメキシコやカリフォルニアなどを手に入れたメキシコとの米墨戦争、第１次世界大戦、そして第２次世界大戦――アメリカはいわば「戦争国家」であり、戦争を繰り返すことで成長してきたのです。戦争によって「反の経済」から脱出し、「正の経済」のもとにＧＤＰを高め、覇権国になったのです。

ベトナム戦争での苦い敗北を味わいながらも、過去の成功体験が忘れられないアメリカは戦争を繰り返します。資源獲得のための湾岸戦争、アフガン戦争、イラク戦争などです。残念ながらアメリカは、それらのいずれの戦争にも勝っていません。

その間、朝鮮戦争とベトナム戦争で戦争特需に浴した日本、そしてドイツなどのヨーロッパ諸国が経済の競争相手として成長してきました。「貿易戦争」では日本に敗れ、貿易赤字が増加することによって経常収支の黒字が減り始めました。

また、軍事予算と社会福祉予算の増加による過剰な財政出動がインフレを加速させます。「正の経済」のもと、景気循環型の不況による失業者の増加を防ごうにも、米ドルの金本位制が自由な金融政策を難しくしていました。

これらすべてはベトナム戦争の失敗とケインズの誤謬が原因です。アメリカは、禁断の決断をしなければならないほど追いつめられました。1971年、当時のニクソン大統領は、電撃的なテレビ声明を発表します。戦後、長らく続いてきた、1ドル＝

35オンスの金本位制を廃止し、ドルと他国通貨の交換比率を一定にする固定相場制を廃止したのです。

いわゆる「ニクソン・ショック」です。それまで米ドルの価値は実質資産である金に裏打ちされていました。ところが、ニクソンの声明は「これからは裏付けのない『紙切れ』である米ドル紙幣を刷ります」と宣言したに等しいのです。

西ドイツ・マルクはすぐに変動相場制に移り、日本円も1973年から変動相場制に移行しました。その結果、円に対する米ドルの価値は、固定相場制が崩れた1971年から40年間で4分の1以下に下落しています。

対円だけでなく長期的にみると、ユーロなど他の主要通貨に対しても米ドルは大幅にその価値を下げています。

通貨とは、その国の経済の象徴です。米ドルの価値が下がるということは、アメリカの経済覇権国としての地位が揺らいでいることの証明でもあるのです。2024年を見ると、日本の円が下がり、米ドルは上がっています。しかし、これは長期金利をアメリカは上げていますが、日本は低いままの状態を継続させていることが「原因」です。私見ですが、「長期的」に見れば必ずドルの価値は下がります。

6.2 アメリカの崩壊

1981年、大統領に就任したレーガンは、1970年代に発生した「スタグフレーション」（インフレと不況の同時進行）を抑えるため、「レーガノミクス」と呼ばれる減税と規制緩和を行いました。福祉予算などを大胆にカットし、「強いアメリカ」を標榜して軍事予算を大幅に増強するという政策パッケージです。

同時にインフレを抑えるために、FRBは金融政策によって金利を上げ、米ドル高に誘導したのです。大胆な減税と軍事増強によって財政赤字が急拡大しました。ドル高によって製造業の空洞化が進み、輸入が増えて経常収支も赤字になりました。

アメリカ経済は製造業の輸出で稼ぐ構造から、海外マネーの流入により経済をまわす構造へと変化したのです。かつてアメリカは世界最大の債権国でした。世界に対して多くの金を貸し付けていたのです。それが一転して、アメリカは世界最大の債務国（借金国）になりました。

現在、米国債の約50％は、中国や日本などの外国によって保有されています。その原因を作ったのが「レーガン政権」です。アメリカの経常収支がマイナスに転じたのは、レーガン政権以降です。したがって、「強いアメリカ」を標榜した「レーガン政権」が「アメリカの崩壊の最初の原因」を作ったのです。

その結果、日本などの低金利国から高金利なアメリカへ大量の資金が流入し、マネーゲームが始まりました。資金の流入によって企業のＭ＆Ａなどは活発になりましたが、米ドル高により産業の根幹である製造業は衰退しました。減税とドル高が現在に続く、経常収支の赤字と資本収支の黒字という状態を現出させたのです。

一国の国際収支は、次のように示されます。

国際収支＝経常収支（貿易収支＋貿易外収支）＋資本収支

アメリカでは製造業の衰退で経常収支が赤字となり、その赤字を外国からの投資や借金である資本収支で埋めるという経済構造に変化したのです。

企業のキャッシュフロー計算書にたとえると、本業の儲けを表す営業キャッシュフローのマイナス分を、借入金や資本金などを表す財務キャッシュフローで補う状態に変わったということです。

レーガノミクスによってマネーゲーム経済へと突入したアメリカは、「悪魔のスパイラル」（図6．3）に陥ります。「悪魔のスパイラル」とは次のような状況です。

まず、経常赤字が増えると債務が増え、金利が上がります。金利が上がると、外国からの投資（資本収支）が増え、それによって株価などが上がり、所得が増えるので消費も増え、輸入も増えます。輸入が増えると経常収支の赤字がさらに増大します。経常収支の赤字が増えると、さらに債務が増え、金利が上がって——、という連鎖が続き、経常収支は悪化する一方です。しかし、このような経済状況が続いても国が成り立つのは、アメリカが覇権国であり、米ドルが基軸通貨だったからです。

ところが、レーガン政権のドル高政策は、1985年9月22日のプラザ合意によっ

図6．3　アメリカが陥った「悪魔のスパイラル」

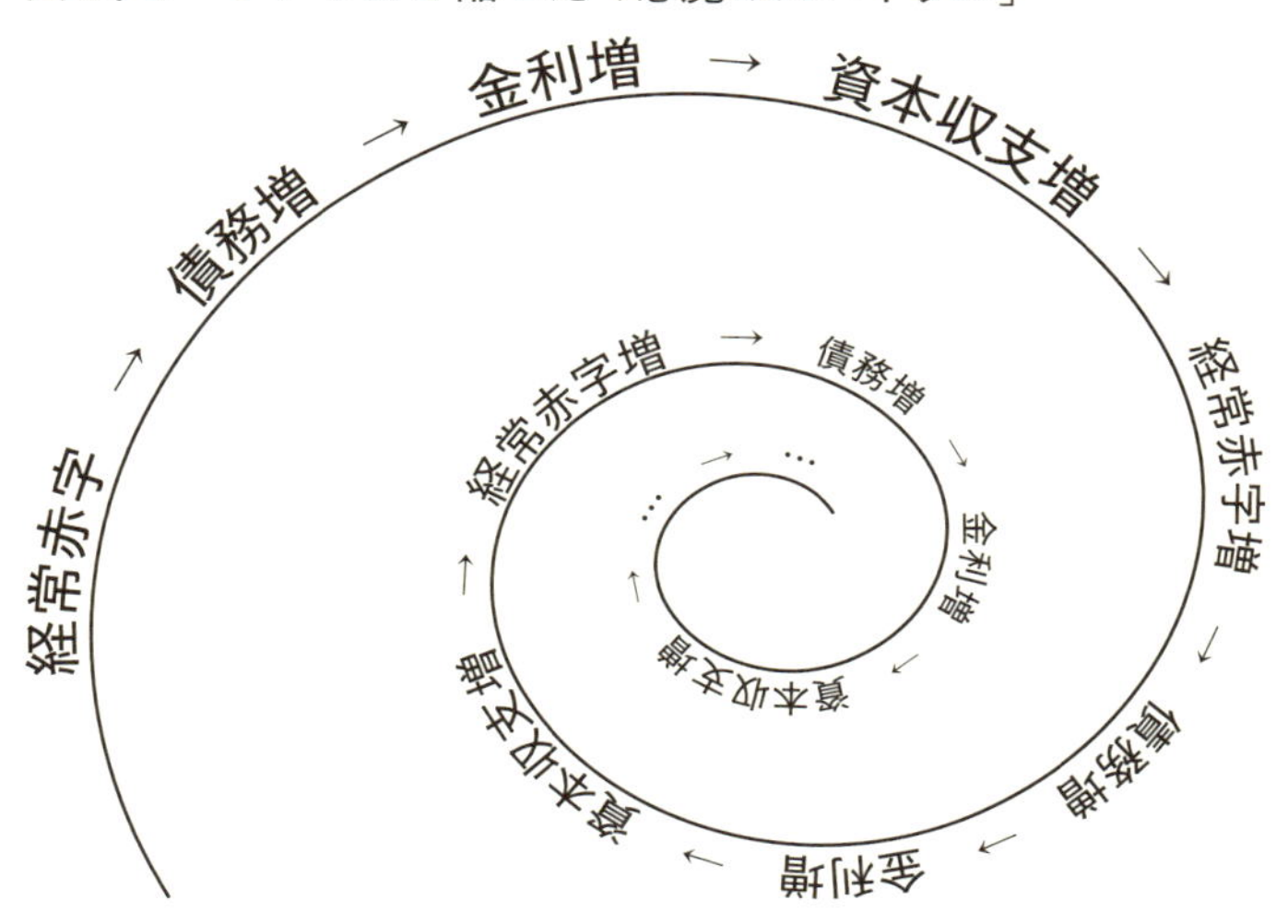

て、一気にドル安に転じました。プラザ合意直前に１ドル＝２５０円であった為替レートは、１年後には１５０円台まで米ドル安になっています。

　ドル高政策によって、長い間アメリカの基幹産業であった製造業は消えてしまいました。一度消えた産業が戻ることはありません。歴史的に見ても、基幹産業の弱体化は国家衰退の前触れです。

　その後、金融緩和と金融工学の発展により、株価上昇こそ続きましたが、１９８７年には「ブラック・マンデー」と呼ばれる株価の大暴落が発生します。これにはさまざまな要因があるのですが、株式市場での売買がコンピューターにより自動化されていたため、「売りが売りを呼ぶ」展開になったのです。

ブラック・マンデーは大恐慌の再来ではないかと心配されましたが、２か月前にアメリカの中央銀行であるＦＲＢ（連邦準備制度理事会）議長に就任したアラン・グリーンスパンの巧みな金融政策によって、ことなきを得ました。これによりグリーンスパンは「マエストロ」の異名で呼ばれるようになったのです。

その後も基軸通貨国であるアメリカにはマネーが集まり、１９９０年代終わりには「正の経済」における景気循環型の好況であるＩＴバブルが発生します。ＩＴバブルはすぐに崩壊しますが、またもやマエストロと呼ばれたグリーンスパンＦＲＢ議長の金融政策によって乗り切ります。

そして21世紀に入ると、正真正銘のバブルである「住宅バブル」がおこります。住宅バブルを生み出したのは「サブプライムローン」でした。低所得者向けの高金利住宅ローンであるサブプライムローンは、金融工学によって証券化されて世界中で販売されました。

グリーンスパンがＩＴバブル後も低金利政策を維持したため、金余りで行き場を失った資金がサブプライムローン市場に流れ、アメリカやヨーロッパの金融機関がこぞってサブプライムローン商品を扱ったのです。

なかには過度なレバレッジをかけてこれらの証券化商品に投資したファンドもありました。サブプライムローンは低所得者向けの債券なので、そもそも「リスク」の高い金融商品でした。ところが、そんなことはお構いなしにレバレッジがかけられ、投機が投機を呼んだのです。

マックス・ウェーバーが喝破した資本主義の発展に必要な「高度な倫理観」が失われた結果、住宅バブルは２００７年９月から崩れ始め、翌年９月15日に発生したリーマン・ブラザーズの経営破綻によるショックで世界経済はどん底に陥ることになりました。

レーガノミクスで生まれたアメリカの経常赤字は、２０２２年時点で２０６８億ドルになっています。そして、長らく続いたアメリカの「正の経済」はリーマンショックによって反転し、ついに「反の経済」へと突入したのです。

リーマンショック直後に就任したオバマ大統領は80年前の大恐慌後にルーズベルト大統領が行ったニューディール政策に倣って「グリーン・ニューディール政策」を掲げました。環境やエネルギー関連へ積極的に予算を投入する政策です。しかし、ニューディール政策に比べると規模は小さく、目に見える効果は表れていません。

そもそも、バブル経済とは富の先食いです。膨大な富の先食いをした後の「反の経済」ですから、少々の財政出動では効果は期待できません。「正の経済」に戻すには、民間の投資が正常に回復するまで、政府が民間に代わって財政出動を続けなければならないのです。

2011年8月5日には、大手格付け会社スタンダード・アンド・プアーズ（S&P）は、アメリカ国債の長期信用格付けを、最高水準の「トリプルA（AAA）」から「ダブルA（AA）」へと1段階、引き下げました。

そして、2023年8月にフィッチという格付け会社も引き下げています。さらに、ムーディーズも2024年末には引き下げる可能性が高い。つまり、世界の大手3社の「格付け会社」がすべて「米国債」の格付けを下げるのです。米国債の残高は今、約31兆ドル（約4340兆円）に達しています。

そして、2024年現在でも米国経済は「反の経済」にあります。また、米国の株高は「反の経済下における反のバブル」なのです。

ここまでを整理すると、アメリカの凋落は次のようなステップをたどってきたことになります。

①ベトナム戦争の苦い経験と、ケインズの誤謬によってクラウディング・アウトが発生。

②金本位制を捨て、米ドル紙幣を紙切れにした。

③レーガノミクスにより慢性的な経常赤字になり、債権国から債務国へ転落した。

④グリーンスパンの誤謬が住宅バブルを生んだ。

⑤人類史上最大のバブル崩壊で「反の経済」に突入。バーナンキの誤謬によって異次元の金融緩和で支えようとした。

今のところ米ドルはかろうじて基軸通貨の地位を保っています。そのおかげで、アメリカ国債は今なおある程度の格付けを得て投資家に購入されています。そのために米ドルは世界の通貨取引高の44％を占めています。

また、通貨ペアで見ると、米ドルの取引（通貨の組み合わせ）は全体の約88％を占めています。そして、原油取引も米ドル建てで行われています。これまで、アメリカの経済覇権国としての繁栄は、次の３つの「循環律」によって回ってきました。

① 米ドルは基軸通貨である。
② 米国債はある程度安全な金融商品である。
③ 原油取引の決済は米ドルで行われる。

しかし、この循環律は今や幻想にすぎません。どれかひとつでも崩れると、たちまち回らなくなるでしょう。

先にも述べたように「米国債」は危うくなっています。また、原油の決済を「米ドル以外の通貨」で決済する「動き」があります。さらに、「新興国」が中心になって「米ドル以外」の通貨を「世界の基軸通貨」にする動きがあります。すでに、循環律は「破綻」しているのです。

アメリカは政治的にも軍事的にもかつての威光を失いつつあります。それを示すのが、二つの領土問題です。

ロシアのプーチン大統領は２０１４年3月、上下両院議員や地方の首長らを前にクレムリンで演説し、ウクライナ領であるクリミア自治共和国を、ロシア連邦に併合することを表明しました。クリミアの帰属について、プーチン大統領は「強力で安定した主権の下に存在しなければならない。それはロシアだけだ」と述べたのです。ロシアが外国領を併合するのはソ連崩壊以降で初めてのことでした。これによりロシアの国際社会における孤立が決定的となりました。

これに対してオバマ大統領が言及したのは経済制裁のみで、軍事介入については否定しました。ロシアのクリミア併合は、ヒトラーのラインラント進駐を思い起こさせます。

1936年、ドイツ第3帝国の総統であるアドルフ・ヒトラーは国際条約で非武装地帯と定められていたラインラントに進駐しましたが、国境を接するフランスは反撃しませんでしたし、イギリスのチェンバレン首相は軍事介入を否定しました。

ヒトラーはのちに「ラインラントへ兵を進めた後の48時間は私の人生でもっとも不安な時であった。もし、フランス軍がラインラントに進軍してきたら、貧弱な軍備のドイツ軍部隊は、反撃できずに、尻尾を巻いて逃げ出さなければいけなかった」と述べています。進駐がヒトラーに自信を与え、第2次世界大戦へとつながっていったのです。

当時のドイツを今のロシアに、当時のイギリスを今のアメリカに置き換えれば、クリミア問題とラインラント進駐の共通点がよくわかります。

戦争を繰り返すことで発展を遂げてきたアメリカは「戦争」を決断できなくなったのです。

２０１３年、オバマ大統領はシリアへの軍事介入を否定しました。２０１３年のシリア問題と２０１４年のクリミア問題、この二つの領土問題に対するアメリカの姿勢は、覇権国からの転落が始まっていることを意味します。アメリカという国は、いざというときに戦争を始める権利と義務を「アメリカ大統領」の権限として有している国なのです。これを放棄したことは近い将来「覇権国」から転落することを意味しています。

さらに悪いことに、２０２２年2月24日に、ＮＡＴＯ軍により回りを固められた「プーチンのロシア」は「自国の防衛」のために「立ち上がりました」。これが「ウクライナ戦争」の始まりです。これに対してアメリカは口先だけで「反論」をしています。大統領のバイデンは「プーチン」を口では攻撃しますが、戦闘行為にでませんでした。あくまで、ウクライナを後方から「支援」するだけです。「ゼレンスキー」ウクライナ大統領を後方支援するだけです。これが、「アメリカの崩壊」の始まりなのです。

アメリカとソ連が世界の覇権を争った米ソ冷戦の「G2」の時代から、アメリカが「世界の警察官」として君臨したソ連崩壊後の「G1」時代、そして今、世界は新たな「Gゼロ」の時代を迎えつつあります。

Gゼロ時代は「新しい帝国主義」の到来を意味します。しかし、覇権国が急に切り替わるわけではありません。過去を振り返っても、新たなチャレンジャーによって現在の覇権国がその地位を失い、次の覇権国が登場するまでに、半世紀近い時間を要しています。

イギリスが覇権国から完全に没落した第1次世界大戦の初めから、アメリカが覇権国となった第2次世界大戦終了までの間はGゼロの時代でした。80年前のGゼロは帝国主義と経済ブロック化が進み、世界大戦への危険性が急速に高まった時代でもありました。

2024年現在、覇権国アメリカの凋落は目に見えて顕著になっています。しかし、次の覇権国は定まらず、80年前と同じGゼロの時代に突入したのです。歴史が繰り返すならば、これからの時代には帝国主義化と経済のブロック化が進むと思われます。

プーチン大統領はますます、反英米の姿勢をあらわにしています。その意味で「日本の立場」は非常に重要になってきます。

それでは「アメリカの崩壊」はどのような形で「進行」するのでしょうか？　これは未来に関することですから、これが正しいという客観的な事実や判断はありません。著者の独断と偏見であることをご了解ください。

まず、アメリカの崩壊の予兆は２０１６年11月に行われた「アメリカ大統領選挙」にありました。普通ならまず、「共和党からの大統領候補」として、トランプ氏が選ばれることはなかったでしょう。そのトランプ氏を推したのがアメリカを建国したもともとの「アメリカ人」で、主に「田舎（アメリカの中西部）」に居住する白人労働者層の人々です。「高学歴」でも「高収入」でもありません。この人々が立ち上がったのです。

「戦争」はいらない。「世界の警察官」でなくてもよい。形を変えた一種の「モンロー主義」かもしれません。著者からすれば「実に健全な考えを持つ人々」です。この健全な人々の票が「トランプ大統領」を誕生させたのです。

トランプ大統領はアメリカの「覇権国」としての「寿命」が「近い」ことを十分に承知していると思います。それよりも、「アメリカ国民の生活と安全」を守ることを「第一義」に考えています。したがって、アメリカ国民のためにも2024年の11月には再び大統領に就任することになったことは「健全なアメリカ国民」のためになるはずです。それでも、近い将来、「アメリカは崩壊」するでしょう。

著者の考えでは、アメリカは3分割されるでしょう。

サンフランシスコ、ロサンゼルスを中心とした「西部アメリカ」、そしてワシントン、ニューヨークを中心とした「東部アメリカ」、さらに、田舎である「中部アメリカ」です。

新たな3つのアメリカに、大統領は合計3人いることになりますが、「ユーロ」のような「共通通貨」で結ばれています。このように分裂したアメリカ国家の方が「アメリカ人」は幸せだと思います。このときは、著者の考えた「核廃絶」が完成されている時代になっているでしょう。また「日本の文化」や「日本の考え方」が世界中から「再認識」され、「平和」な時代が来ると信じています。

さて、本章の結論ですが、「アメリカ」はこのようにして「崩壊」します。しかし、それはアメリカ国民にとっても「幸せ」をもたらします。

アメリカが崩壊する第一の原因は、「戦争」を決断できなくなったことです。なぜなら、「戦争」がアメリカの国是（イデオロギー）だからです。

もう一つは「アメリカ経済」が長く「反の経済」を経験して、「富」の2極化が進んだことです。大都市部の超富裕層が富の99・9％を独占し、地方中心の貧困層は0・1％を分かち合う。これが第2の原因です。

1991年に崩壊したソ連と同じ様相です。ソ連も国是（イデオロギー）である

「世界革命」を放棄し、さらに、国内は「富の2極化」が進んだことが原因で崩壊しているのです。

第7章

これからの日本に必要な国是とは

本章では、「これからの日本に必要な国是とは」と題して、「心（精神）と体（物質）」の関係について考えます。次に、その背景にある「日本の文化」について著者の意見を述べたいと思います。また、最近はやりの「グローバリゼーション」は間違いであり、「国際交流」の必要性を論じたいと思います。

7．1 心（精神）と体（物質）

これからの日本に必要な「国是」の中で一番重要なのは、「心と体の一体化」という考え方です。言葉を変えれば「精神と物質は一体である」ということです。このことを、「日本人」が理解して、それを世界に「発信」すべきなのです。

その内容を以下の5点から論じます。

7．1．1 量子力学が発見したミクロの物理法則に対する精神の影響力

量子力学は、エルヴィン・シュレディンガー、ヴェルナー・ハイゼンベルグ、ニー

ルス・ボーアにより始められた「ミクロ物理学」です。そのなかで、シュレディンガーは以下の「シュレディンガー方程式」を提唱しました。

物理法則Y＝A＋Bi　　ただし、iは虚数（i×i＝－1）

（量子力学）（物質＋精神）

この式は、次のように解釈できます。

「ミクロ物理学における物理法則であるYは、物質であるAと精神であるB・iの合計であることを意味します」

この解釈は後年ヴォルフガング・パウリ（物理学者）がカール・ユング（心理学者）と「議論」しているときに思いついた「仮説」です。「ミクロの物理法則は物質だけではなく精神の影響も受ける」という画期的な考え方です。著者はこの考え方を全面的に支持いたします。

7.1.2 空海の曼荼羅は現代物理学を先取りしていた

空海は1200年前の「仏教の教えを説いた天才的な僧侶」ですが、著者は仏教の開祖である「釈迦」以上の天才だと思っています。彼は曼荼羅という考え方を「仏教」の中に見出しました。そのなかで、彼は「胎蔵界」と「金剛界」という概念を創造しました。胎蔵界とは「物質、肉体」を表し、金剛界とは「精神、心」を表しています。つまり、以下のような式で表現できます。

曼荼羅＝胎蔵界＋金剛界
（物質＋精神）

となります。なんと空海は、シュレディンガーやパウリが数式化した内容を、彼らより1200年も前に考えたことになります。なんども言いますが「やはり空海は仏陀よりも天才」です。

さらに、仏教の教えにある「色即是空、空即是色」は、以下のような式を提唱しているのです。

色（物質、肉体）＝空（精神、心）

すなわち、物質と精神は同じであることを「仏教」は言っているのです。この式も大変重要な考え方です。

7.1.3　勝負事における心技体

「心技体」という意味は、「心と体」が一体になって初めて勝負に勝てるということを表しています。式で表現すると、

勝利＝心＋体
（精神＋肉体）

という意味です。また、「技」は「触媒」と考えられます。つまり精神と肉体を繋ぐ「触媒」という意味です。これは「大相撲」でよく使われる言葉ですが、あらゆるスポーツや運動競技に共通した「勝利」への「鉄則」なのです。この言葉の意味を理解して、スポーツ等の競技を見ると面白いと思います。

２０２３年に日本シリーズを制した「阪神タイガース」は、文字通り「心技体」が充実した「チーム作り」に岡田監督は成功された結果だと言えるのです。

7.1.4 病は気から

よく病は気からという言葉を聞きますが、この言葉は次のような式で表現できます。

病気＝心の病＋体の病
（精神の病＋肉体の病）

このことは、病気は精神の病に肉体の病が重なり「病気が発病する」ということを表現していると著者は考えています。また、肉体の病が発病したときに、精神が強ければ病気はすぐに回復します。しかし、精神が弱ければ病気は悪化します。このことを式で表現すれば、次のようになります。

心の病（精神の病）＝体の病（肉体の病）

このことを、理解すれば「病気」にはならないと著者は考えています。「病気」になってもすぐに「回復」します。

7.1.5　ユングの集合的無意識層に隠された真実

世界的な大発明や大発見は、同時期に世界各地で起こることが多いのはなぜでしょうか。

例えば、本書のテーマである「核兵器の開発」などは戦前のアメリカ（マンハッタン計画）や日本（理化学研究所における仁科博士による研究開発）あるいはドイツ（ハイゼンベルグチームによる「核分裂」研究）において、同時に起こっています。しかし、日本とドイツは「完成」までいかずに、アメリカの「原子爆弾」が「広島」「長崎」に投下されました。

数学の世界で、微積分の発見はイギリスの「ニュートン」やドイツの「ライプニッツ」と言われていますが、日本の関孝和はそれ以前に「微積分」の概念を「和算」で解き明かしています。

また、陸上競技における男子１００メートル走において、10秒の壁を「破る」人がでると「次々」と「９秒台選手」が出てきます。それは、なぜでしょうか？

この答えの一つにユングの「集合的無意識層」があります。この集合的無意識層こそ、この項の冒頭に述べた疑問を解くキーになります。

この層は、普遍的無意識層とも呼ばれ、個人が獲得したものではなく、遺伝子によって存在するものであり、その人の祖先とか民族といった集合的、ないしは人類に普遍的な、表象可能な無意識層を示すものです。

そして、自我によってとらえられる集合的無意識の内容は、夢や幻像といったイメージとして意識されます。このイメージの共通の型を、元型と呼びます。これは、神話研究ではモチーフと呼ばれるもので、本能に通じ、先んじて存在する形式です。

すなわち、本能行動は必ずイメージによって先導されて行われるものであり、そのイメージは生物に先天的に備わっているものであるが、そのイメージこそ元型といえます。

そして、この元型に対しては本能の側からのダイナミックなエネルギーの供給があるため、元型には激しい情動がつきものであると考えられます。また、このように情動をもって意識の上にあらわれた元型は、原始心像と呼ばれますが、未分化な概念に近く、論理的な概念とはなっていないのが特徴です。しかし、原始心像は心の働きによって個人の意識にはっきりとあらわれてくるので、その類型から深底にある元型を推定できると考えられます。

図7．1　集合的無意識層

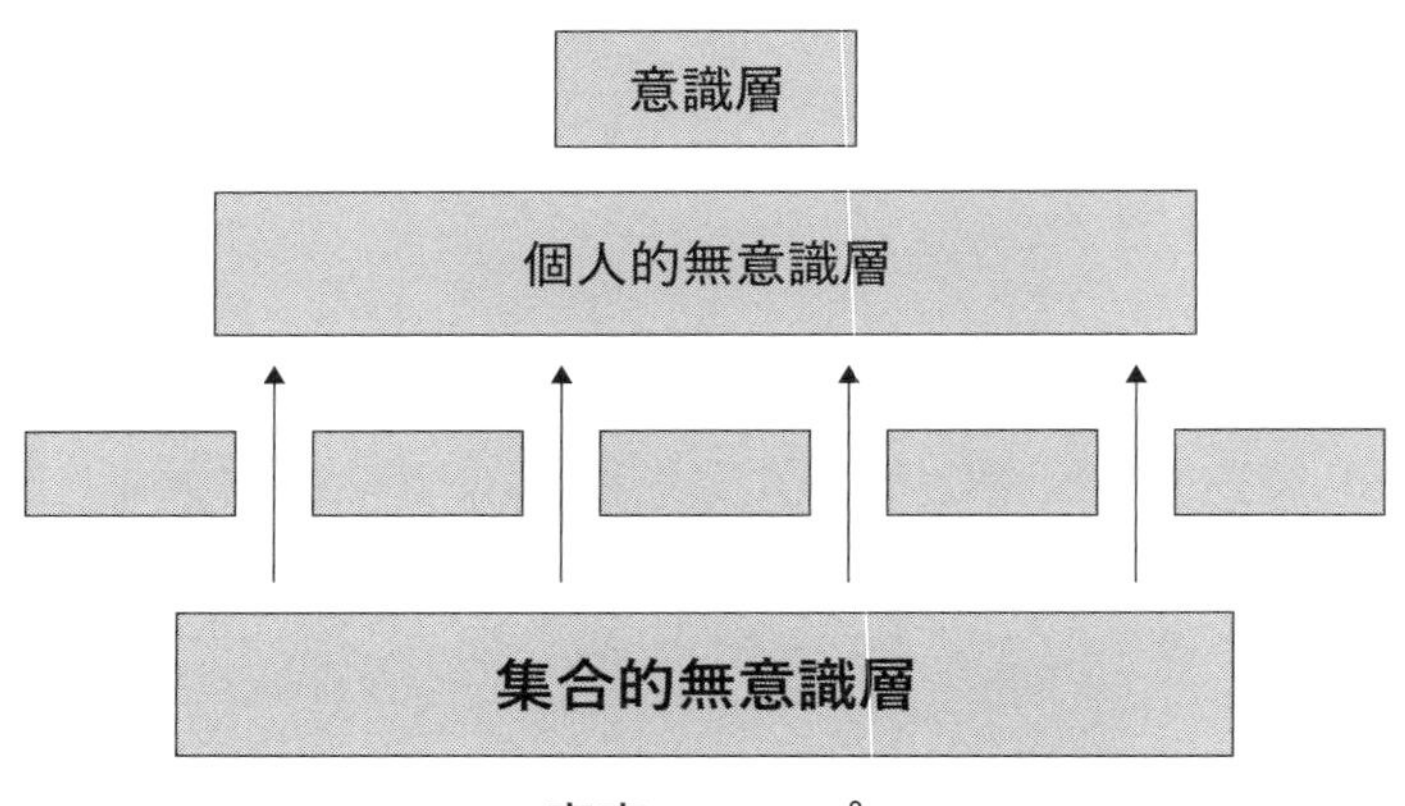

ここで冒頭の疑問に戻りましょう。

世界的な大発見や大発明が同時期に起こるのは、ユングの主張する集合的無意識層と大いに関係があると思われます。すなわち大発見とは、その発見者（天才）が自分の個人的無意識層をつきやぶって、集合的無意識層まで到達することによってできるものだからです。この集合的無意識層に真実が隠されていて、その真実のスープ（元型）を天才が吸い上げていると考えられます。同じような発明が同時に起こるのは、同じ真実のスープを同時に吸い上げたからです。

また、一度このスープを吸い上げると、この部分の層がやわらかくなり、容易に同じようなスープを吸い上げることが可能となる。大発見のあと、その領域の学問が急に進歩するのは、このような理由によるものと考えられます（図７．１参照）。

７．２　グローバリゼーションという誤り

本節では「グローバリゼーションという誤り」について著者の意見を述べます。たくさんの識者がグローバリゼーションについて「論説」されています。それらを要約すると次のようになります。

「グローバリゼーション（グローバル化）」とは、地球規模で複数の資本や情報や人の交流や移動が行われる現象のことを指しています。また、自国や他国の関係性を表現する「国際化（インターナショナライゼイション）」とは異なり、「グローバリゼーション」は、人・物・カネの流動性が高まり、国境のない世界を意味します。

一方、インターナショナライゼイション（国際化）は「国家間」で生じる現象であるのに対して、「グローバリゼーション」は「地球規模」で生じるものであり、国境の存在の「有無」という点で区別されます。この「国境のない世界」という「概念」が非常に「問題が多い」のです。

これは、なぜ「国家」という「概念」が必要かという「根本問題」に「根っこ」があるのです。この地球上において「国家」という概念を喪失すると世界全体が「無規範」になり「大変な事態」になるのです。よく、国が無くなれば「自由」になると思っている方が多いですが、それは大変な誤りです。

国があるから人は「自由」になるのです。国が無くなれば「不自由」になります。これは、世界史においても「多くの難民となった人々」が味わった正直な感想なのです。また、ローマに滅ぼされた古代ユダヤ人は、約2000年間、国家を喪失したことにより「不自由な生活」を余儀なくされてきました。また、皮肉なことにこのユダヤの人々によって追われた「パレスチナの人々」は、「不自由」な生活を強いられています。すなわち、結論は「人類の自由」を担保しているのは「国家」なのです。

その意味で著者は「共産主義」には反対です。理由は「共産主義」は「グローバリゼーション」を推進しているからです。この意味で「共産主義者」と「ニューヨークやロンドンの金融資本家」とは同じ考え（グローバリゼーション）なのです。ところで、「共産主義」の欠点は、著者の考えでは以下の３点です。

1．世俗的権威と宗教的権威の合一です。普通の国では、これら2つの権威は分離されています。例えば日本では「天皇（宗教的権威）」と「総理大臣（世俗的権威）」が分離されています。また、アメリカでも「全米一の教会の牧師（宗教的権威）」と「大統領（世俗的権威）」は分離されています。その証拠に、日本の総理は「天皇」から「任命」されますし、アメリカの大統領も全米一の教会の牧師から「任命」されます。

2．共産主義の目指す革命は「全世界への革命」であり、これは「グローバリゼーション」の推進以外の何物でもないのです。

3. また、共産主義の「ドグマ」である「唯物史観」は「マネー主義」であり、「金融資本家」と根っこは同一なのです。物・カネ（唯物史観）も大事ですが、「精神」も大事です。両者は50％：50％なのです。

したがって、結論は以下のようになります。

1. 世界には「グローバリゼーション」ではなく、国家が重要です。
2. また、国家間の交流である「国際化」（インターナショナライゼイション、国際交流）も必要です。
3. そして、各国の文化を大切にしなければなりません。また、各国は自国の「文化」を大切にするだけではなく、他国の文化を認める姿勢も重要です。
4. 自国を愛する「自国の国益」と「他国を思いやる気持ち」も同時に必要です。そして、「自国の利益の追求」と「他国を思いやる気持ち」は「対立概念」ではなく「相乗効果」をもたらすことを人類が「学べ」ば、本書の大きなテーマである「核廃絶」が達成されるのです。

7.3 これからの日本は超資本主義で大復活する

第6章でも述べましたが著者は「正の経済学」と「反の経済学」を提唱しています。「正の経済学」における経済法則が「正の経済法則」であり、「反の経済」における経済法則が「反の経済法則」だという提案をしています（表7．1参照）。

この表で明らかなように、今（２０２４年）の世界経済は「反の経済空間」にいますので「反の経済法則」に従います。そこでまず、アイテム⑳をご覧ください。そして「反の経済法則」の欄に「独裁型政治」と書いてあるところに注目してください。

90年前は、世界は「反の経済空間」にいました。このとき、ドイツではヒトラー政権が誕生しています。ヒトラーは就任後いち早く「全権委任法」を議会に提出し、「合法的手段」で「独裁政権」を樹立したのです。また、同時期、イタリアでムッソリーニ政権が誕生し、スペインでフランコ政権が生まれています。いずれも、「独裁型政治」の誕生です。また、体制は異なりますが、共産主義国家ソビエト社会主義共和国連邦では独裁者スターリンが政権をとりました。

表7.1　2つの経済法則

2つの経済法則			
	「正の経済法則」		「反の経済法則」
①法則	「神の見えざる手」		「合成の誤謬」
②企業の行動原理	利潤の最大化（企業）		債務の最小化（反企業）
③政府の行動原理	財政再建（政府）		財政出動（反政府）
④「セイの法則」	供給が需要をつくる		作動せず、需要不足を招く
⑤「有効需要の原理」	作動せず、供給不足によりクラウディングアウトが起こりうる		需要は供給がつくる
⑥金融政策	金利を下げると企業は金を借りて投資が増え、マネーサプライを増やすと需要が増えるため有効	「正のバブル」と崩壊 →	金利を下げても企業は金を借りず、マネーサプライを増やしても需要が増えないため無効
⑦財政政策	無効		政府が最大の消費者になるため有効
⑧トリクルダウン	成立する		成立しない
⑨金利	通常の金利		超低金利
⑩失業	増えない		増える
⑪貯蓄	貯蓄は投資にまわる		貯蓄は投資にまわらない
⑫リカードの比較優位説	成立する。 貿易がWin-Win構造になり、グローバリゼーションが成り立つ		成立しない。 貿易がLose-Lose構造になり、グローバリゼーションは成り立たず、各国は鎖国（保護貿易）になる
⑬官と民の関係	官から民が正しい政策		民から官が正しい政策
⑭公共事業	経済効率（供給サイド）のいい、効率的な公共事業がいい		経済効果（需要サイド）のある、効率的な公共事業がいい
⑮思想	左翼思想（マルクス思想）が受け入れられない	← 「反のバブル」と崩壊	左翼思想（マルクス思想）が受け入れられる
⑯戦争と平和	平和を維持できる		戦争が起こりやすい。 戦争がもっとも効果的な財政出動になる
⑰構造改革と規制緩和	供給不足になるため、構造改革と規制緩和が必要		構造改革と規制緩和の必要はない
⑱政府の大きさ	小さな政府		大きな政府
⑲赤字国債	赤字国債は発行すべきではない。長期金利は高い		赤字国債を発行すべきである。長期金利は低い
⑳政治	民主主義の政治（ルソーの社会契約論）		独裁型政治（帝国主義論）
㉑インフレギャップかデフレギャップか	インフレギャップ		デフレギャップ
㉒グローバリゼーションか帝国主義か	グローバリゼーション（外向き）		帝国主義（内向き）

そして２０２４年の今、90年前とよく似た政治家が現れています。まず、覇権国家米国の前大統領のトランプです。彼の人気は最高で２０２４年の大統領選挙で、大統領に戻ってくることになりました。

また、ロシアのプーチン大統領、中国の習近平国家主席、北朝鮮のキム・ジョンウン総書記等世界をにぎわす「政治家」に「独裁型」が多いのです。このように、アイテム⑳は、２０２４年の経済情勢を反映していますし、90年前の経済情勢も反映しています。この結果、「政治」を支配するのは「経済法則」であるという「定理」が確立されるのです。

次に、アイテム㉑をご覧ください。「正の経済法則」の欄には「インフレギャップ」があり、「反の経済法則」の欄には「デフレギャップ」があることがわかります。そして、「正の経済空間」では、人々は勤勉に働き「供給」を作り出すのです。

したがって、「正の経済空間」では需要＞供給が需要＝供給になり、経済均衡点が生まれます。ところが、需要が急激に増大しますと需要≫供給になり「正のバブル」が発生するのです。

一方、「反の経済空間」ではいつも「デフレギャップ」が存在し、供給＞需要になります。この式が「デフレギャップ」の実態です。そして、この状態で、過度の金融緩和を行うと、供給≫需要となり、「反のバブル」が発生するのです。これがアイテム㉑の説明です。

このアイテム㉑の考察から著者は新たに「正と反の経済線」（6章で説明）と「反のバブル」を発見しました。この「反のバブル」とは、「反の経済」において「金融緩和」をしすぎるとこのような「反のバブル」になるのです。現在の「日米両国」の現状です。

次にアイテム㉒をご覧ください。今の世界情勢が見えてきます。今、世界は「反の経済空間」にいますので、「帝国主義的（内向き）」になります。2022年2月24日にロシアがウクライナに軍事侵攻しました。さらに2023年10月8日にハマスがイスラエルで開催された音楽フェスティバルを急襲して多数を殺害した上に、人質をとるというテロ攻撃をして「イスラエル」との全面戦争に突入しています。これなどは「帝国主義的（内向き）」な世界情勢の現れです。それは、アイテム⑯にも通じます。

そして、このようなときには「グローバリゼーション」が世界を滅ぼすのです。またあらゆる「政治社会情勢」もすべて「経済情勢」に左右されます。しかも、この「経済情勢」とは「正と反の経済学」が支配する「正と反の経済法則」なのです。

一方、この表の真ん中をご覧ください。左が「正の経済法則」の一覧で、右が「反の経済法則」の一覧です。そして、左から右に向かう太い矢印が、「正のバブルとその崩壊」です。すなわち、「正のバブルとその崩壊」により「正の経済空間」から「反の経済空間」に遷移するのです。

また、右から左に向かう太い矢印が、「反のバブルとその崩壊」です。すなわち、「反のバブルとその崩壊」により「反の経済空間」から「正の経済空間」に遷移するのです。

そして経済のサイクルは、「正の経済」→「インフレギャップの過剰な増加」→「正のバブルの発生とその崩壊」→「反の経済」→「反の経済下における過度の金融

図７．２　超資本主義経済下における経済線

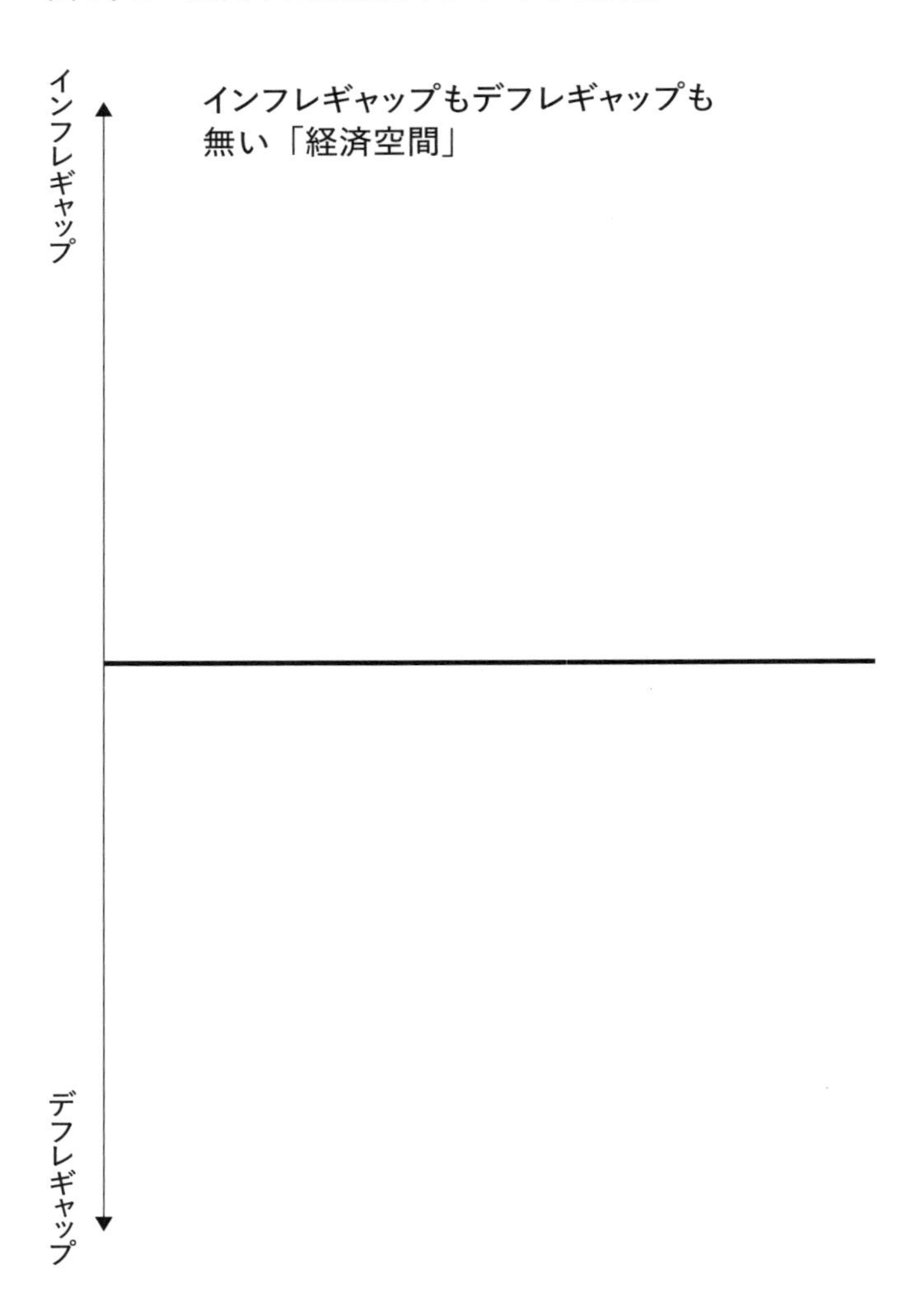

緩和」→「反のバブルの発生とその崩壊」→「正の経済」となります。以上がマクロ経済に関する木下理論です。

ここで今までの資本主義の歴史を振り返ると次のようになります。

正の経済→バブル経済→バブル経済の崩壊→反の経済→戦争等→正の経済——であり、このサイクルの繰り返しの歴史でした。しかし、今回日本では、人類史上初めて、反のバブル経済が発生し、その崩壊が近いと予測しました。その結果、正の経済に戻ることは良いことですが、またバブル経済が発生してはなりません。

このために、著者は、過剰な消費と投機を戒めるため、４つ目の資本主義の精神を作りました。そして、この新しい資本主義を「超資本主義」と名付けました。この「超資本主義」は脱欲望の経済であるという意味です。そうすれば、日本発の新しい経済モデルを世界に発信でき、人類の幸せに貢献できるはずです。

新しい資本主義の精神とは何か。従来の資本主義の精神を合わせて以下に紹介します。

表７．２　超資本主義の経済法則

	正の経済法則	超経済法則	反の経済法則
	「正の経済法則」	ほどほどの経済法則	「反の経済法則」
①法則	「神の見えざる手」		「合成の誤謬」
②企業の行動原理	利潤の最大化（企業）		債務の最小化（反企業）
③政府の行動原理	財政再建（政府）		財政出動（反政府）
④「セイの法則」	供給が需要をつくる		作動せず、需要不足を招く
⑤「有効需要の原理」	作動せず、供給不足によりクラウディングアウトが起こりうる		需要は供給がつくる
⑥金融政策	金利を下げると企業は金を借りて投資が増え、マネーサプライを増やすと需要が増えるため有効		金利を下げても企業は金を借りず、マネーサプライを増やしても需要が増えないため無効
⑦財政政策	無効		政府が最大の消費者になるため有効
⑧トリクルダウン	成立する		成立しない
⑨金利	通常の金利		超低金利
⑩失業	増えない		増える
⑪貯蓄	貯蓄は投資にまわる		貯蓄は投資にまわらない
⑫リカードの比較優位説	成立する。 貿易がWin-Win構造になり、グローバリゼーションが成り立つ		成立しない。 貿易がLose-Lose構造になり、グローバリゼーションは成り立たず、各国は鎖国（保護貿易）になる
⑬官と民の関係	官から民が正しい政策		民から官が正しい政策
⑭公共事業	経済効率（供給サイド）のいい、効率的な公共事業がいい		経済効果（需要サイド）のある、効率的な公共事業がいい
⑮思想	左翼思想（マルクス思想）が受け入れられない		左翼思想（マルクス思想）が受け入れられる
⑯戦争と平和	平和を維持できる		戦争が起こりやすい。 戦争がもっとも効果的な財政出動になる
⑰構造改革と規制緩和	供給不足になるため、構造改革と規制緩和が必要		構造改革と規制緩和の必要はない
⑱政府の大きさ	小さな政府		大きな政府
⑲赤字国債	赤字国債は発行すべきではない。長期金利は高い		赤字国債を発行すべきである。長期金利は低い
⑳政治	民主主義の政治（ルソーの社会契約論）		独裁型政治（帝国主義論）
㉑インフレギャップかデフレギャップか	インフレギャップ		デフレギャップ
㉒グローバリゼーションか帝国主義か	グローバリゼーション（外向き）		帝国主義（内向き）

新資本主義の精神（４か条）

1．目的合理的な精神（マックス・ウェーバー）
2．供給サイドの倫理規範（マックス・ウェーバー）
3．金儲けは善である（マックス・ウェーバー）
4．脱欲望の精神（過剰な消費と投機を戒める）（木下栄蔵）

以上が新しい資本主義の精神です。この脱欲望の精神は、「反のバブル崩壊」の後の、「正の経済」において「実行」されるべきです。

正の経済において、過剰な消費、そして投機（投資信託を含めた株の売買等）を慎めばよいのです。「株」は「長期に保有」し、「株式会社」を健全に育てればよいのです。これを実行すれば必ず人類は「超資本主義」を実行できます。これを、「正と反の経済線」で表現すれば、図７．２のようになります。

次に、これらの３つの経済（正の経済、反の経済、超資本主義）における「経済法則」をまとめました（表７．２参照）。すべての項目において「ほどほどの経済法則」

でよいのです。これを「日本」で実行し、世界に「発信」すればよいのです。この「超資本主義と超資本主義の精神」を日本の国是に加えることを著者は提案します。

本章の最後に「これからの日本の国是」について述べたいと思います。日本の文化は伝統的に「人」と「自然」の融和と調和という「考え」で作られています。また、空海始め、日本の識者は「心」と「体」すなわち、「精神と物質」の「同一性」と「融合」という考え方を伝統的に持っています。そして、ここが最も重要な点ですが「他者を思いやる気持ち」が「自分にとっても最も良い選択である」ことを「先験的」に知っている民族なのです。

先験的に知っていることを、専門用語で「内知」と言いますが、このことが最も重要なのです。この内知を「世界」に発信することが、「核廃絶」と「アメリカからの独立」につながるのです。これは普通の「アメリカ人」にとっても非常に良いことです。一日も早く、以上のことを実現できる日が来るのを期待して、本書の最後の言葉といたします。

【参考文献】

1.『世界経済の覇権を握るのは日本である』(木下栄蔵、扶桑社、2013年)
2.『戦略的意思決定法』(木下栄蔵編著、日科技連、2013年)
3.『孫悟空はどこまで飛んだ?』(木下栄蔵、淡交社、1992年)
4.『エトロフ発緊急電』(佐々木譲、新潮社、1989年)
5.『ストックホルムの密使』(佐々木譲、新潮社、1994年)
6. Wikipedia:キューバ危機
7.『資本主義の限界』(木下栄蔵、扶桑社、2016年)
8. インターネット:核廃絶運動―世界史の窓

木下栄蔵　きのした えいぞう
1949年、京都府生まれ。1975年、京都大学大学院工学研究科修了。現在、名城大学名誉教授、工学博士。交通計画、都市計画、意思決定論、サービスサイエンス、マクロ経済学などに関する研究に従事。とくに意思決定論において、支配型AHP（Dominant AHP）一斉法（CCM）を提唱、さらにマクロ経済学における新しい理論（Paradigm）を提唱している。1996年日本オペレーションズリサーチ学会事例研究奨励賞受賞、2001年第6回AHP国際シンポジウムでBest Paper Award受賞、2005年第8回AHP国際シンポジウムにおいてKeynote Speech Award受賞、2008年日本オペレーションズリサーチ学会第33回普及賞受賞。2004年4月より2007年3月まで文部科学省科学技術政策研究所客員研究官を兼任。2005年4月より2009年3月まで、および2013年4月より2017年3月まで名城大学大学院都市情報学研究科研究科長、並びに名城大学都市情報学部学部長を兼任。2022年4月1日名城大学名誉教授。著作に『経済学はなぜ間違え続けるのか』（徳間書店）、『忍びよる世界恐慌』『資本主義の限界』（扶桑社）、『統計学でわかるビッグデータ』『意思決定法AHPの世界―理想的な意思決定とは』（日科技連出版社）、『データサイエンスから読み解く野球の戦略論』（オーム社）など多数。

日本の核武装こそが世界を平和にする

ゲーム理論が解明した核戦略の最終結論

第一刷　2025年1月31日

著者　木下栄蔵

発行人　石井健資
発行所　株式会社ヒカルランド
〒162-0821 東京都新宿区津久戸町3-11 TH1ビル6F
電話 03-6265-0852　ファックス 03-6265-0853
http://www.hikaruland.co.jp　info@hikaruland.co.jp
振替　00180-8-496587
本文・カバー・製本　中央精版印刷株式会社
DTP　株式会社キャップス
編集担当　力石幸一

ISBN978-4-86742-466-7